油气田企业监督实践工作手册

主 编◇赵国安　副主编◇焦亚军　胡百中

石油工业出版社

内容提要

本书总结了油气田企业监督管理工作方面的实践经验，依据监督管理人员在专业知识和监督要点的实际需求，对相关法律法规、标准规范全面地梳理和提炼，有助于提高监督人员的业务素质和工作能力，帮助其更好地履行监督职责。本书包括特殊作业管理、地面工程质量、违章隐患图册三个部分。

本书可作为质量健康安全环保领域工作者的学习和培训用书。

图书在版编目（CIP）数据

油气田企业监督实践工作手册 / 赵国安主编 .
北京：石油工业出版社，2025.3.--ISBN 978-7-5183-7180-8

Ⅰ . F407.22-62

中国国家版本馆 CIP 数据核字第 20245X8D50 号

出版发行：石油工业出版社
（北京安定门外安华里 2 区 1 号楼　100011）
网　　址：www.petropub.com
编辑部：（010）64523553　　图书营销中心：（010）64523633
经　　销：全国新华书店
印　　刷：北京中石油彩色印刷有限责任公司

2025 年 3 月第 1 版　2025 年 3 月第 1 次印刷
787×1092 毫米　开本：1/16　印张：17
字数：253 千字

定价：198.00 元
（如出现印装质量问题，我社图书营销中心负责调换）

版权所有，翻印必究

《油气田企业监督实践工作手册》编写组

主　编： 赵国安

副主编： 焦亚军　胡百中

委　员： 周　磊　马　良　周晓珉　唐培林　黄　程　汪韶雷
　　　　　唐　磊　王合安　柯　研　范　良　李乐乐　张益臣
　　　　　徐欢欢

编写人： 牛凯杰　赵　雄　董鹏飞　聂　君　李乐乐　雷　飞
　　　　　李建国　李文举　王　飞　于路均　秦　奇　陈素银
　　　　　张琳婧　沈国龙　鲁　磊　刘丽雯　倪海龙　牛军帅
　　　　　张盼锋　蔡　军　杨　哲　张　强　朱梦茹　李国旗
　　　　　崔文军　李发智　夏　辉　巨　龙　夏大林　刘　鹏

序

Foreword

"十三五"以来，习近平总书记站在新的历史方位，就安全生产工作作出了一系列重要指示批示，提出了一系列新思想、新观点、新思路，反复告诫要牢固树立安全发展理念，正确处理安全和发展的关系，坚持发展决不能以牺牲安全为代价这条红线。总书记就安全生产工作提出的"六大要点""十句硬话"及系列讲话等重要论述和指示，为我们抓好安全生产工作指明了前进方向、提供了根本遵循。2021年3月，《中华人民共和国刑法修正案（十一）》发布施行，同年9月《中华人民共和国安全生产法》发布施行，国家层面进一步强调了安全环保工作的定位、生产经营单位主体责任及"三管三必须"的直线责任，安全环保工作已成为企业有效益、可持续、高质量发展的根基。

在以习近平同志为核心的党中央正确领导下，中国石油天然气集团有限公司党组、各油气田企业高度重视QHSE工作，持续完善QHSE管理运行体系、建立健全QHSE责任监管机制，推进安全生产数智化建设，全力推进现代化国有企业安全生产发展。持续推进QHSE管理体系建设，形成了标准化的QHSE管理体系，成为强化安全与环境管理，实现安全发展、绿色发展、和谐发展，建设国际能源公司的重要保障。持续抓实"党政同责、一岗双责、齐抓共管、失职追责"的责任监管机制，形成全员重视安全、抓安全、管安全的良好局面。坚持本质安全、系统管理、数智提效的原则，持续推进"工业互联网＋安全生产"等项目实施，通过数智化技术手段为安全生产监管工作赋能提效。

QHSE监督作为保障安全生产工作的重要力量，长期坚守生产一线，从勘探开发到产能建设、生产运行、后勤保障，不断地从设计方案、风险防控、设备设施、应急管理、人员履职及能力等方面，对企业的安全生产工作进行监督护航。在日常工作中，广大监督工作者不断地发现问题、协助解决问题，不断地推动企业及各单位、部门提升 QHSE 管理水平，在长期以来的现场实践中积累了丰富的经验，这些经验对企业来说，是一笔宝贵的财富，是企业夯实安全环保基础、培养优秀安全管理人才，实现长治久安的传承。

《油气田企业安全监督工作手册》《油气田企业工程监督工作手册》《油气田企业监督实践工作手册》是奔赴在一线的广大监督工作者结合监督工作实际，梳理监督过程中的标准规范、典型做法、问题图片、风险预警等形成的知识、经验汇编。该系列工作手册的出版，为广大 QHSE 工作者开展安全及监督工作、业务管理人员提升 QHSE 履职能力、新员工入场培训提供了有效的工具，是一套理论与实践结合的高质量丛书。

在国家持续繁荣昌盛、企业持续高质量发展的时代背景下，广大 QHSE 工作者要进一步认清面临的形势，持之以恒地为企业的安全平稳保驾护航。要不断学习新标准、新知识、新技能，结合现场实际，探索更为高效的 QHSE 管控模式，总结固化好的经验做法，为油田企业的有效益、可持续、高质量发展贡献智慧和力量。

前言 Preface

　　标准化管理是保障企业安全生产的有效手段，严格按照制度、标准开展安全生产工作，能有效预防事故的发生。近年来各项审核及日常监督检查中，作业许可办理、设备设施、质量管控、环境保护、化学品管理、目视化标识等方面问题屡查屡有，部分问题反复出现，其根源在于部分管理及现场人员对标准规范、正确做法不清楚，掌握不透。本书编写组通过现场调研发现常规性的标准规范、检查表单、问题清单不能直观、形象地有效指导现场进行违章、隐患自主整改，致使问题不断整改，不断重复出现。

　　为使各级管理人员及现场能够清楚发现问题、认识问题、整改问题，本书编写组结合多年以来监督工作实践过程中发现的典型问题、典型违章、典型隐患进行分类和对标，编制了本书。本书共包含了特殊作业管理、地面工程质量、违章隐患图册三个部分，利用流程图、图片等方式，形象地展示、解析了现场 QHSE 管理过程中的常见违章隐患的风险及相关标准。希望能给各油田企业开展反"三违"、隐患排查治理工作提供依据，切实做到举一反三，杜绝同类问题重复出现，提升现场标准化管理水平。

目录 Contents

第一章　特殊作业管理
第一节　票证办理指南 …………………………………… 2
第二节　票证办理问题分析 ……………………………… 20
第三节　安全禁令 ………………………………………… 31
第四节　风险防控 ………………………………………… 39

第二章　地面工程质量
第一节　现场质量问题及标准 …………………………… 54
第二节　标准文明施工 …………………………………… 104
第三节　地面工程建设预警 ……………………………… 109

第三章　违章隐患图册
第一节　特殊非常规作业 ………………………………… 116
第二节　设备设施 ………………………………………… 176
第三节　环境保护 ………………………………………… 246
第四节　危险物品 ………………………………………… 252
第五节　目视化 …………………………………………… 257

第一章

特殊作业管理

第一节　票证办理指南

一、基本要求

1. 作业许可的范围

作业许可针对特殊作业及非常规作业风险控制。

（1）特殊作业：从事高空、高压、易燃、易爆、有毒有害、窒息、放射性等可能对作业者本人、他人及周围建（构）筑物、设备设施造成危害或者损毁的作业。

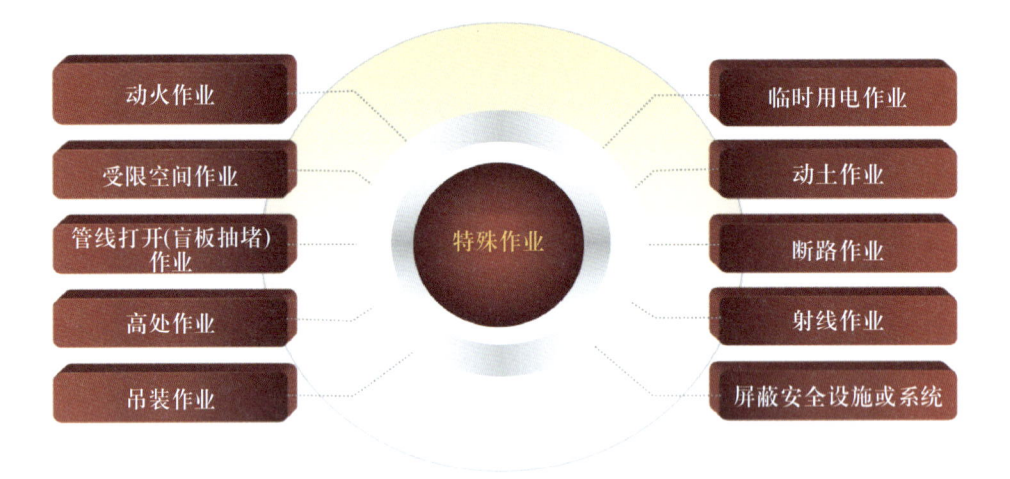

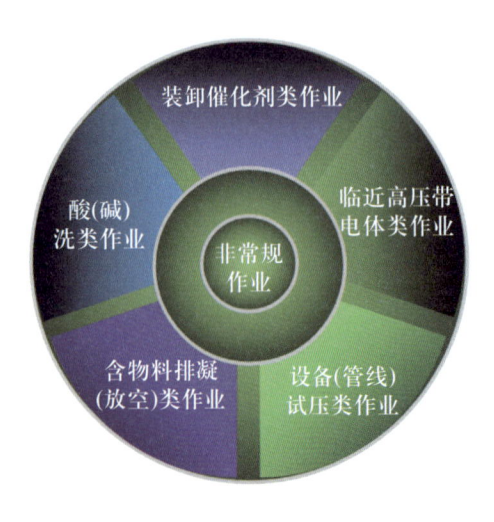

特殊作业包括：动火作业、受限空间作业、管线打开(盲板抽堵)作业、高处作业、吊装作业、临时用电作业、动土作业、断路作业、射线作业、屏蔽安全设施或系统。

非常规作业包括：装卸催化剂类作业、临近高压带电体类作业、设备(管线)试压类作业、含物料排凝(放空)类作业、酸(碱)洗类作业。

（2）非常规作业：临时性的、缺乏作业程序规定的，无规律、无固定频次的作业。

2. 作业许可管理流程

（1）各单位应当建立特殊、非常规作业清单，经生产建设单位安委会审定后发布，报公司安全部门、监督部门备案，至少每年更新一次。

（2）各单位持续优化工艺流程、改善设备设施，不断补充完善各项非常规作业操作规程，尽可能减少特殊、非常规作业种类和数量。

（3）各单位应建立特殊、非常规作业工作前安全分析（JSA）库。

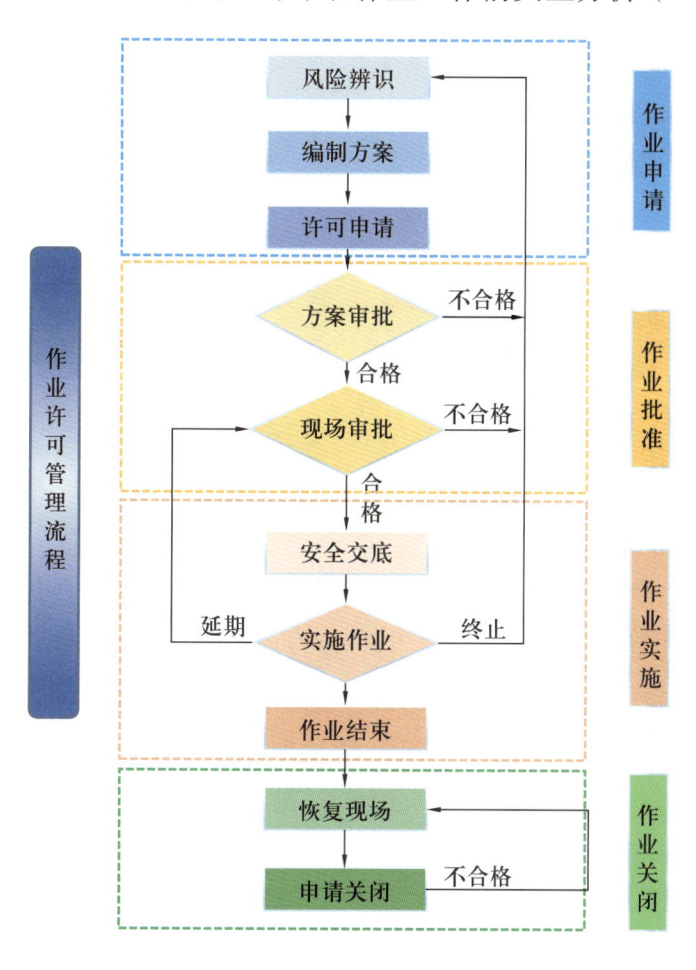

3. 作业许可培训

（1）生产建设单位应组织作业许可培训并取得相应纸质或电子版培训合格证。

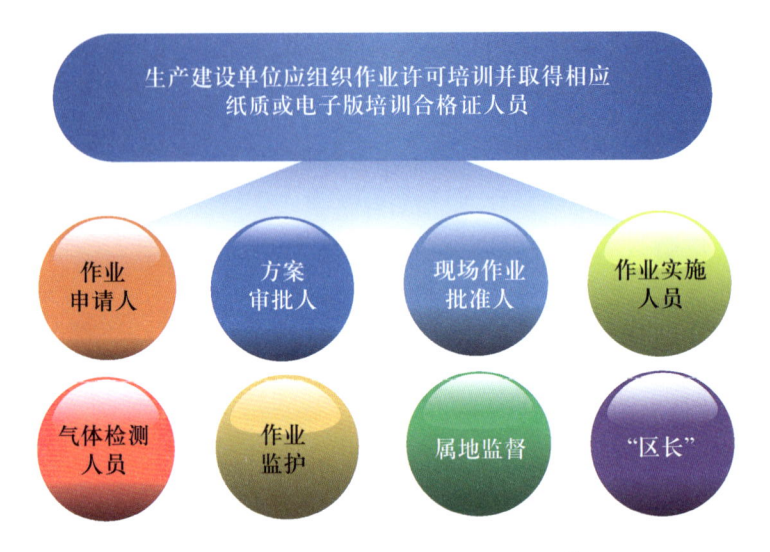

生产建设单位应组织作业许可培训并取得相应纸质或电子版培训合格证人员：
- 作业申请人
- 方案审批人
- 现场作业批准人
- 作业实施人员
- 气体检测人员
- 作业监护
- 属地监督
- "区长"

（2）承包商单位自行培训：气体检测人员、作业人员属于承包商人员，可由承包商单位自行培训，生产建设单位负责考核。

（3）不参与作业许可专项培训：地面建设现场辅助作业的临时工可不参与作业许可专项培训，但不得参与高风险的特殊、非常规作业，且必须做好入场安全教育和安全技术交底。

4. 高危作业区域安全生产"区长"制

各单位应当对评估为高风险的特殊、非常规作业实行作业区域安全生产"区长"制，并在高危作业区域现场挂牌，标明区域范围、"区长"姓名、职务和有效的联系方式。

"区长"担任：

（1）对于中国石油天然气集团有限公司（以下简称"集团公司"）系统内的承包商在油田公司开展的高危作业，由所属单位的基层单位负责人或者业务主管部门负责人和承包商施工队伍负责人分别担任高危作业区域安全生产"区长"，形成高危作业区域安全生产"双区长"制。

┌─────────────────────────────────────┐
│   ××油田公司   │
│   作业许可培训合格证   │
│   编　号：SBCY 001   │
│   │
│   姓　名：××   单　位：×××采气厂   │
│   许可身份：   │
│   ☐ 作业申请人   ☐ 方案批准人   ☑ 现场批准人 │
│   ☐ 作业监护人   ☑ 属地监督   ☐ 作业人员   │
│   ☐ 气体检测人员 ☐ 区长   │
│   │
│   签发日期：2020年2月10日 有效日期：2023年2月9日 │
│   发证单位：×××公司××采气厂 │
└─────────────────────────────────────┘

注1. 有效期为3年；
注2. 公司范围内通用（各二级单位间通用）；
注3. 离开××油田市场半年及以上人员，或作业许可制度有重大修改，需重新培训。

（2）对于集团公司系统外的承包商在油田公司开展的高危作业，由所属单位的基层单位负责人或者业务主管部门负责人担任高危作业区域安全生产"区长"。

（3）对于各单位自行实施的高危作业，由所属单位的基层单位负责人担任高危作业区域安全生产"区长"。

5. 特殊、非常规作业"八不准"

（1）工作前安全分析未开展不准作业。

（2）界面交接、安全技术交底未进行不准作业。

（3）作业人员无有效资格不准作业。

（4）作业许可未在现场审批不准作业。

（5）现场安全措施和应急措施未落实不准作业。

（6）监护人未在现场不准作业。
（7）作业现场出现异常情况不准作业。
（8）升级管理要求未落实不准作业。

二、作业申请

1. 作业申请人

作业申请人	现场作业人员	属地管理人员	作业单位现场负责人
	✗	✗	✓

2. 作业许可办理准备材料

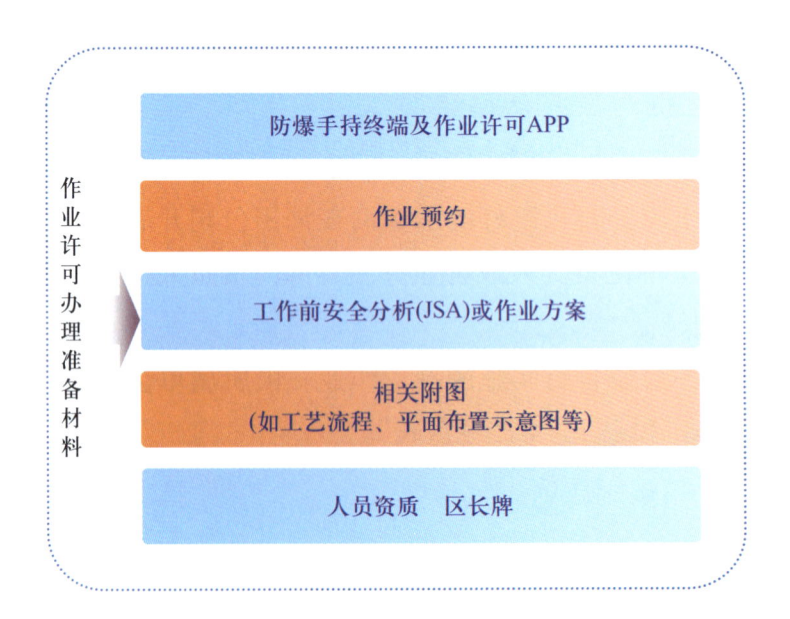

作业许可办理准备材料：
- 防爆手持终端及作业许可APP
- 作业预约
- 工作前安全分析(JSA)或作业方案
- 相关附图（如工艺流程、平面布置示意图等）
- 人员资质　区长牌

3. 作业申请流程

　　作业预约、JSA分析、作业申请步骤均需在作业开始前完成申请审批，安全措施落实情况由作业现场批准人到现场进行措施落实的确认。

作业预约 → JSA分析 → 作业申请

作业预约：各单位(部门)及承包商首先进行作业预约，并按要求填写预约各项内容，预约由建设单位业务主管及以上人员进行审批通过后方能从事JSA分析和作业申请；预约分临时预约和预约两种情况，临时为临时作业计划。

JSA分析：作业预约审批完成后，由作业单位组织关键作业人员、作业监护人开展工作前安全分析，工作前安全分析(JSA)可以从作业许可APP库中选择相应作业的JSA内容，并结合实际修订完善相关安全措施。

作业申请：作业单位现场负责人在完成作业预约和JSA分析的基础上，进行作业申请。JSA分析作为作业申请的前置条件，在JSA分析完成后与作业许可申请一并提交方案批准人审批。

作业许可办理关键内容：

（1）作业许可证应当规范填写，不得涂改，不得代签。作业完成后，作业许可证由申请人和现场作业批准人或属地监督签字关闭，至少保存一年。

（2）钻井、压裂、场站建设（未交付的或独立区域的）、管道建设等产能建设项目中的特殊作业、非常规作业，应由施工方自主办理作业许可证，生产建设单位不负责审批，需对施工方作业许可管理情况进行监督检查。

（3）节假日、公休日、夜间（5月1日—10月31日：晚上9点至次日凌晨5点；11月1日—次年4月30日：晚上7点至次日早上7点）及其他特殊敏感时期或者特殊情况，升级管理时，方案审批和现场审批实行"双审批"。生产、建设单位及所管辖的承包商已明确周六、周日正常上班的，可不执行升级管理。

（4）作业申请人应当参与作业许可所涉及的相关工作。同一作业涉及两种或两种以上特殊或者非常规作业时，应同时执行各自作业要求，办理相应的作业审批手续。

（5）各单位（部门）及承包商每日下午5点前在作业许可系统中完成次日高危作业和工况信息预约。

（6）工况预报实现工程技术进度的上报和公示，不涉及特殊和非常规作业，工况预报不需审批。

4. 工作前安全分析（JSA）

JSA是把一项作业分解成若干核心步骤，分别识别每个关键步骤可能存在的危害及风险，并制订相应防控措施，从而减少或消除事故发生的可能性。

（1）各单位应当建立特殊、非常规作业清单，经生产建设单位安委会审定后发布，报公司安全部门、监督部门备案，至少每年更新一次。

（2）生产建设单位应建立特殊、非常规作业工作前安全分析（JSA）库并存入作业许可系统中，实施特殊、非常规作业时，应选择相应作业的JSA内容，并结合实际修订完善相关安全措施。

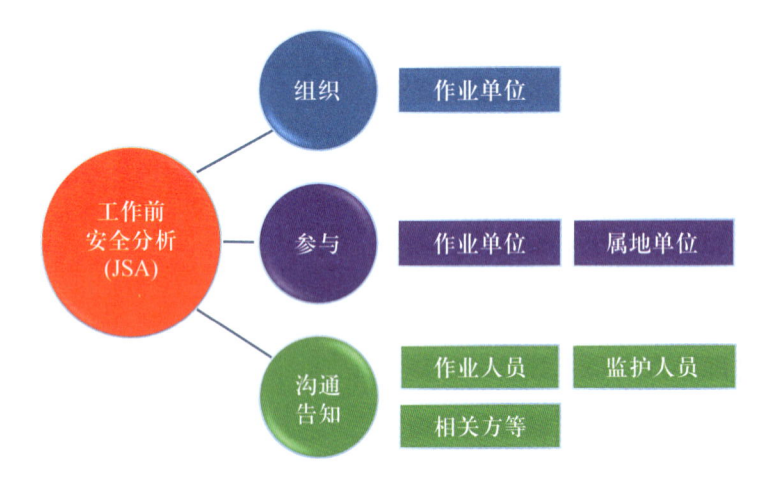

现场常见误区：

将安全技术交底、挂牵引绳、系安全带、气体检测、作业监护等防控措施纳入作业步骤，风险分析则为分析不落实防控措施的后果，与JSA目的南辕北辙。

作业步骤：应是拆分作业核心步骤，即依照相关标准或操作规程须具体实施或开展的作业步骤，如吊装作业包括吊车支撑、捆绑吊物、试吊、起吊、移动吊物等。

防控措施：指针对在作业过程可能存在的风险制订的防护措施，如警戒隔离、安全技术交底、使用防护工具、牵引绳牵引吊物、使用挡杆等。

5. 高危作业方案

高危作业在以下情况需要编制方案：

作业类型	应编制作业方案
动火作业	特级动火作业应编制作业方案
吊装作业	1. 一、二级吊装作业； 2. 吊装物体质量虽不足 40t，但形状复杂、刚度小、长径比大、精密贵重； 3. 在作业条件特殊的情况下的三级吊装作业，环境温度低于 −20℃的吊装作业； 4. 其他吊装作业环境、起重机械、吊物等较复杂的情况
管线打开	系统复杂、危险性大的管线打开（盲板抽堵）作业
临时用电	临时用电设备在 5 台（含 5 台）以上或者设备总容量在 50kW 及以上的
挖掘作业	一级挖掘（动土）作业
受限空间	缺氧、富氧、有毒、易燃易爆、经清洗或者置换仍不能满足相关要求的特殊情况受限空间作业，应当编制专项作业方案，实行升级管理
断路作业	断路作业单位应当制订交通组织方案，并能保证消防车和其他重要车辆的通行，满足应急救援要求

6. 重新办理作业许可证

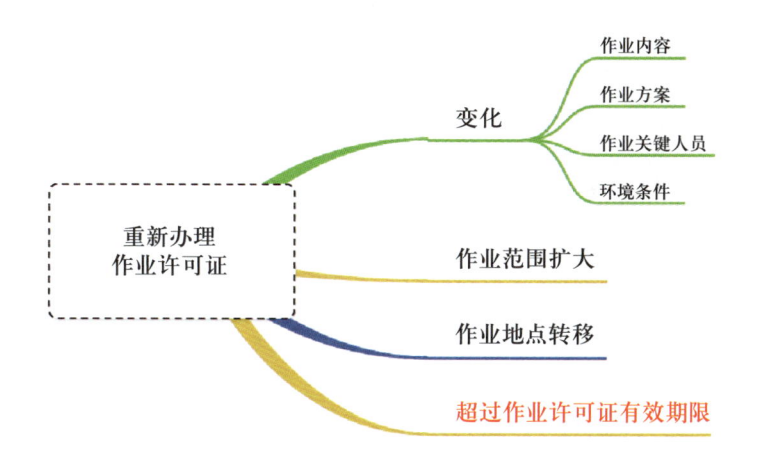

重新办理作业许可证
- 变化
  - 作业内容
  - 作业方案
  - 作业关键人员
  - 环境条件
- 作业范围扩大
- 作业地点转移
- 超过作业许可证有效期限

三、作业审批

1. 方案审批

1）方案审批人

应按照直线责任的原则确定，并具有提供、调配、协调风险控制资源的权限，由作业区域所在单位各级分管领导、业务部门管理或技术人员担任，应具备专业技术工作经历。

2）方案审批流程

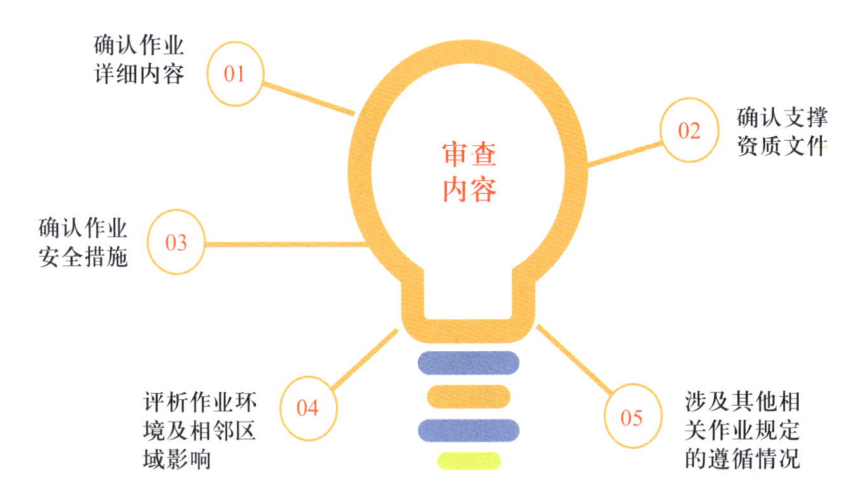

审查内容：
- 01 确认作业详细内容
- 02 确认支撑资质文件
- 03 确认作业安全措施
- 04 评析作业环境及相邻区域影响
- 05 涉及其他相关作业规定的遵循情况

3）重新方案审批

对于方案审查或现场核查未通过的，应当对查出的问题记录在案；整改完成后，作业申请人重新申请，经过审批后才能作业。

无作业方案时作业许可证需要方案审批人签字吗？

Yes！

JSA属于一种形式较为简便的作业方案，因此作业许可证方案审批栏需要签字。

JSA	一般用于风险相对较小的作业现场，根据实际存在风险制订的防控措施，本单位或者属地内即可完成落实。
作业方案	一般用于风险相对较大的作业现场，根据实际存在风险制订的防控措施，需要调配其他单位资源或协同作业。

2. 现场审批

1）现场作业批准人

应按照属地管理的原则确定，并具有提供、调配、协调风险控制资源的权限，由属地单位的人员担任。

2）现场核查

组织作业申请人、属地监督、相关方人员到许可证上所涉及的工作区域进行现场核查，确认作业许可证中各项安全措施的落实情况，并在作业许可证和JSA分析表上签字。

3）重新现场审批

作业内容、作业方案、作业关键人员或环境条件变化，作业范围扩大、作业地点转移或者超过作业许可证有效期限时。

现场作业批准人或属地监督每天施工前重新核查作业区域，确认作业票中有关安全措施落实到位，并在作业票中签字方可作业；未经升级管理审批，不得在夜晚实施作业。

4）授权审批

原则上审批人不准授权，特殊情况下确需授权，应当由具备相应风险管控能力的被授权人审批，但授权不授责。

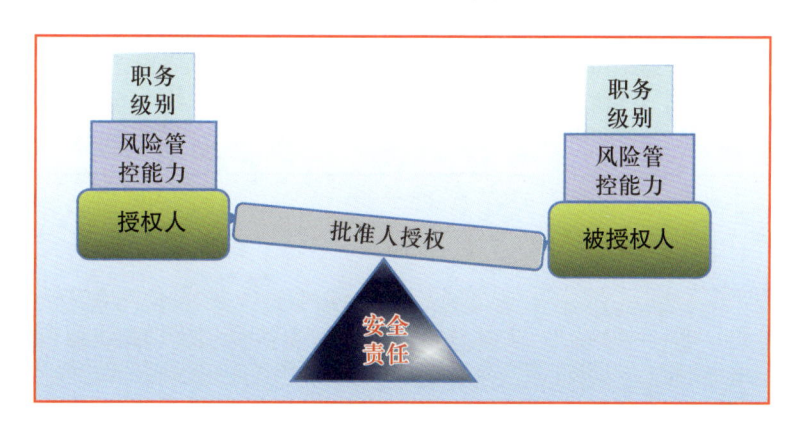

生产单位审批权限

类型	三级	二级	一级	特（Ⅳ）级
高处作业	方案审批：基层单位分管领导审核，生产单位业务部门负责人 现场批准：基层单位分管领导	方案审批：基层单位分管领导 现场批准：基层单位班组长	方案审批：基层单位班组长 现场批准：属地主管	方案审批：基层单位主要领导审核，生产单位主要领导 现场批准：生产单位分管领导
动火作业		方案审批：基层单位班组长 现场批准：属地主管	方案审批：基层单位分管领导审核，生产单位业务部门负责人 现场批准：基层单位分管领导	方案审批：基层单位主要领导审核，生产单位主要领导 现场批准：生产单位分管领导
动土作业 吊装作业	方案审批：基层单位班组长 现场批准：属地主管	方案审批：基层单位分管领导审核，生产单位业务部门负责人 现场批准：基层单位分管领导	方案审批：基层单位主要领导审核，生产单位主要领导 现场批准：生产单位分管领导	
管线打开	方案批准：基层单位班组长 现场批准：属地主管			
受限空间	一般受限空间 方案批准：基层单位分管领导审核，生产单位业务部门负责人 现场批准：基层单位分管领导		特殊情况受限空间 方案批准：基层单位主要领导审核，生产单位主要领导 现场批准：生产单位分管领导	
临时用电	方案审批：基层单位电气负责人 现场批准：班组长			
断路作业 射线作业 屏蔽安全设施作业	方案审批：基层单位分管领导审核，生产单位业务部门负责人 现场批准：基层单位分管领导			

建设单位审批权限

类型	三级	二级	一级	特（Ⅳ）级
高处作业	方案审批：施工队伍负责人 现场批准：施工队伍副队长	方案审批：施工队伍负责人 现场批准：施工队伍班组长	方案审批：施工队伍副队长 现场批准：施工队伍班组长	方案审批：施工队伍负责人审核，承包商项目部负责人 现场批准：承包商项目部分管领导
动火作业		方案审批：施工队伍副队长 现场批准：施工队伍班组长	方案审批：施工队伍负责人 现场批准：施工队伍副队长	方案审批：施工队伍负责人审核，承包商项目部负责人 现场批准：承包商项目部分管领导
动土作业 吊装作业	方案审批：施工队伍副队长 现场批准：施工队伍班组长	方案审批：施工队伍负责人 现场批准：施工队伍副队长	方案审批：施工队伍负责人审核，承包商项目部负责人 现场批准：承包商项目部分管领导	
管线打开	方案审批：施工队伍副队长 现场批准：施工队伍班组长			
受限空间	一般受限空间 方案批准：施工队伍负责人 现场批准：施工队伍副队长		特殊情况受限空间 方案批准：施工队伍负责人审核，承包商项目部负责人 现场批准：承包商项目部分管领导	
临时用电	方案审批：施工队伍副队长 现场批准：施工队伍班组长			
断路作业 射线作业 屏蔽安全设施作业	方案审批：施工队伍负责人 现场批准：施工队伍副队长			

3. 升级审批

如遇国家法定节假日、夜晚、特殊重大活动、特殊环境、公休日等情况，需升级审批。

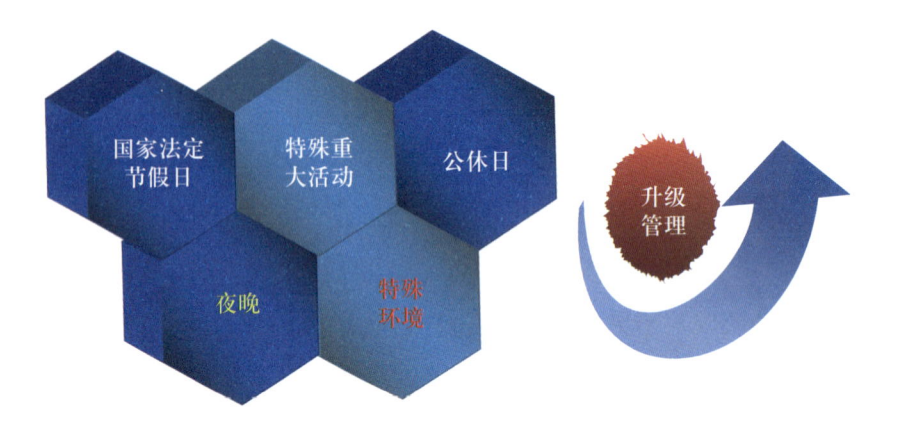

1）夜晚

夜晚的界定如下。

5月1日至10月31日	21时整至次日上午5时整
11月1日至次年4月30日	19时整至次日上午7时整

各企业可结合当地日出—日落时间进行自定义。

2）特殊环境

遇有五级风以上一切露天动火作业，因生产确需动火，动火作业应当升级管理。

3）公休日

生产、建设单位已明确的公休日正常上班时间可不实行升级管理。

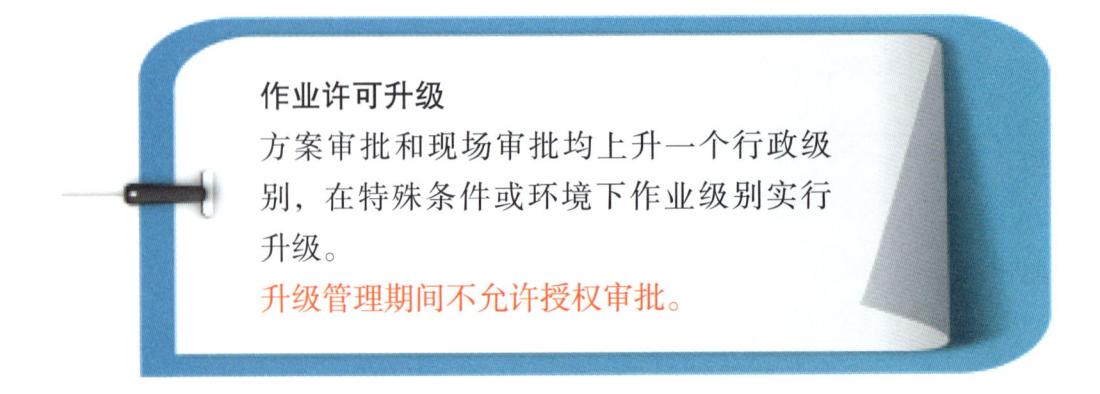

作业许可升级

方案审批和现场审批均上升一个行政级别，在特殊条件或环境下作业级别实行升级。

升级管理期间不允许授权审批。

"双人审批"制度

原方案批准人应先审核方案并签字后，再报升级后的方案批准人审批；

原现场作业批准人应先确认现场安全措施落实情况并签字后，再由升级后的现场作业批准人审批。

两位方案批准人必须严格审查方案，确保风险识别全面，防控措施具体、有效；

两位现场批准人必须到现场确认安全措施落实。

4. 有效期限

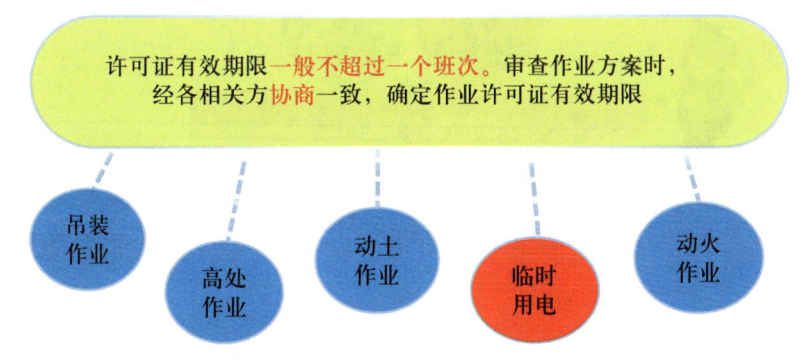

许可证有效期限一般不超过一个班次。审查作业方案时，经各相关方协商一致，确定作业许可证有效期限

- 吊装作业
- 高处作业
- 动土作业
- 临时用电
- 动火作业

（1）进入受限空间、射线作业、安全设施屏蔽作业不超过 24h；

（2）管线打开（盲板抽堵）、吊装作业原则上不超过 24h，生产装置停工大检修等情况下，不超过 72h；

（3）高处作业不超过 7d；

（4）临时用电、动土作业不超过 15d，临时用电特殊情况不应超过 30d，用于动火、受限空间作业的临时用电时间应和相应作业时间一致；

（5）特级动火作业和一级动火作业的许可证有效期不超过 8h，二级动火作业的许可证有效期不超过 72h。

四、作业实施

1. 交底

作业前，作业区域所在单位应当会同作业单位对参加作业的人员进行安全技术交底，由作业申请人、现场作业批准人对作业人员、监护人员、属地监督、气体检测人员等所有人员进行作业方案和安全交底，并对其掌握情况进行检查。

作业申请人对作业进行全过程监控，不得离开作业现场。

外来人员进入属地作业，安全技术交底和 JSA 要分开做吗？

NO! 我们在一起了

- 针对作业环境及属地内存在风险及相关管理要求进行告知 → 安全技术交底
- 针对作业步骤风险进行分析，讨论、沟通制订防控措施 → JSA

作业许可票

2. 监护

1）作业监护人

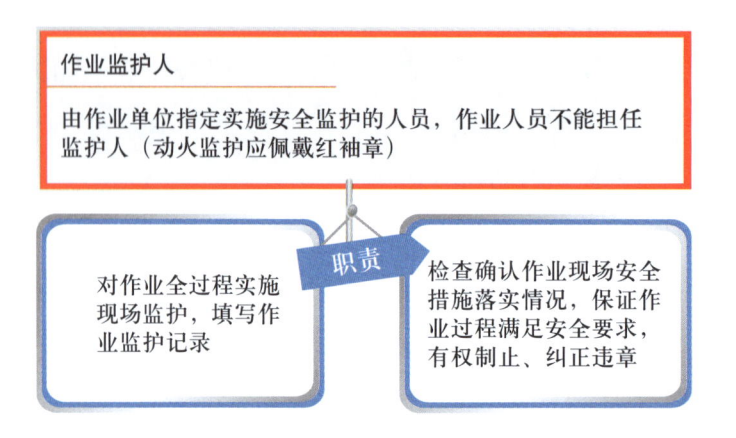

作业监护人
由作业单位指定实施安全监护的人员，作业人员不能担任监护人（动火监护应佩戴红袖章）

职责：
- 对作业全过程实施现场监护，填写作业监护记录
- 检查确认作业现场安全措施落实情况，保证作业过程满足安全要求，有权制止、纠正违章

特殊、非常规作业应当设专人监护。特级动火作业、特殊情况受限空间作业、一级吊装作业、Ⅳ级高处作业，以及情况复杂、风险高的非常规作业由作业区域所在单位和作业单位实施作业现场全过程"双监管"和视频监控。

气体检测人员：属地单位人员或作业监护人员，承担作业许可证规定的气体检测与监测工作，并如实填写气体检测记录。

2）属地监督

属地监督即生产单位现场监督人员，由属地主管担任，也可由上级指派人员担任（内部单位作业，属地监督与监护人员可为同一人，属地监督、监护栏均签字）。

属地监督职责

	三级	二级	一级	特（Ⅳ）级
高处作业	全程监督	全程监督	巡回监督	全程监督（作业单位配备专职监护人）
动火作业		巡回监督	全程监督	全程监督（作业单位配备专职监护人）
动土作业、吊装作业	巡回监督	全程监督	全程监督（作业单位配备专职监护人）	
管线打开	巡回监督			
受限空间	一般受限空间：全程监督（作业单位配备专职监护人）		特殊情况受限空间：属地监督全过程监督（作业单位配备专职监护人）	
临时用电	巡回监督			
断路作业、射线作业、屏蔽安全设施作业	属地监督全过程监督（作业单位配备专职监护人）			

临时生产场站交叉作业生产与建设单位监护职责如何界定？

（1）建设单位聘用的承包商在生产单位投入使用的地上设备设施属地内开展高危作业和在已投运地下管线、线缆附近5m范围内进行开挖作业的，承包商必须向生产单位申请办理作业许可票，建设单位、生产单位必须同时履行现场监督职责，并在作业许可证上签字确认；

（2）在未投入使用（包括已建成未竣工验收）设备设施的属地内开展高危作业的，承包商负责作业许可证审批，如果高危作业影响到生产单位生产安全，必须提前24h告知生产单位，生产单位应在作业许可证相关方中签字确认，并进行生产安全技术交底，建设单位履行现场监督职责，并在作业许可证上签字确认。

五、作业取消

当发生下列任何一种情况时，属地单位和作业单位任何人员都有责任告知现场作业批准人，现场作业批准人、属地监督等相关人员应立即中止作业。

1	作业环境、作业条件或者工艺条件发生变化
2	作业内容、作业方式发生改变
3	作业或者监护等现场关键人员未经批准发生变更
4	实际作业与作业计划发生偏离
5	安全措施或者作业方案发生变更或者无法实施
6	发现重大安全隐患
7	紧急情况或者事故状态

注意：现场作业批准人和申请人在作业许可证上签字后，方可取消作业许可；出现严重违章或紧急异常情况，属地监督或作业监护人有权直接取消作业许可。需要继续作业的，应当重新办理作业许可证。

作业结束后，作业人员应当清理作业现场，解除相关隔离设施，经作业申请人、现场作业批准人（或属地监督）共同确认无隐患后，方可在作业许可证上签字，关闭作业许可。

紧急情况下应急抢险所涉及的特殊和非常规作业，遵循应急预案和应急处置程序，确保风险控制措施落实到位。当应急处置结束后，恢复生产过程中涉及的特殊、非常规作业，须执行作业许可管理。

第二节　票证办理问题分析

（1）特殊作业与危险作业一样吗？

解读：GB 30871—2022《危险化学品企业特殊作业安全规范》规定了特殊作业的八种作业类型，即动火作业、受限空间作业、高处作业、盲板抽堵作业、吊装作业、临时用电作业、动土与断路作业。

《危险化学品企业安全风险隐患排查治理导则》提出了关于"危险作业"的相关要求，"危险作业"是指操作过程安全风险较大，易发生人身伤亡或设备损坏，安全事故后果严重，需要采取特别控制措施的作业。一般包括：

①《化学品生产单位特殊作业安全规范》（GB 30871）规定的动火、进入受限空间、盲板抽堵、高处作业、吊装、临时用电、动土、断路等特殊作业；

② 储罐切水、液化烃充装等危险性较大的作业；

③ 安全风险较大的设备检维修作业等。

因此，危险作业范围更加广泛，包含了特殊作业。

（2）实施能量隔离的方式有哪些？

解读：能量隔离的几种主要方式，包括机械隔离、工艺隔离、电气隔离、放射源隔离等。

机械隔离就是将设备、设施及装置从动力源、气体源头、液体源头物理地隔开。如转动设备检修前将其与电机分开等。

工艺隔离是将流体管道上的阀门关闭和上锁，可能包括管道的泄压、冲洗及排气措施，是机械隔离的特殊情况。如根据工艺介质理化性质、介质状态、工艺条件、管径大小等采取的单阀加盲板隔离、双阀加排空隔离、双阀排空加盲板隔离等措施。

电气隔离就是将电路或设备部件从所有的输电源头安全可靠地分离，

包括电气、仪表和通信的隔离。如在配电室将涉及作业的电机停止送电或拆开电机接线等。放射源隔离就是将设备、装置的相关放射源断开或拆离。

特殊作业实施前开展的准备工作，应根据安全风险管控需要采取一种或多种能量隔离措施。

（3）为什么在特殊作业实施前要对作业人员进行安全措施交底？

解读：许多特殊作业是委托承包商来完成的，即使由公司内部专业维修力量来承担，内部专业维修人员也不是对厂区每一个场所可能存在的风险都了如指掌。作业人员对作业场所不熟悉，尤其是作业现场周边、地上、地下、窨井、暗沟、坑洞等环境情况了解不够，对作业过程中可能存在的风险不能准确预判，在实施作业时就有可能出现事故或受到伤害，因此有必要在正式开始作业前由作业属地单位向承担作业的人员将作业现场的各种情况逐一交代清楚。

安全措施交底就是交现状、交环境、交风险、交措施、交应急。承担安全措施交底的一般为属地单位生产班长或专职技术人员。

对于风险特殊作业风险等级较低（不需要编制专项施工方案）的作业，安全措施交底可以作业许可票中的安全措施为交底内容。

（4）如果一项检修工作涉及多种特殊作业，每一项特殊作业都要分别交底吗？

解读：一项检修工作如果同时涉及多种特殊作业，如在管廊上进行电焊作业，可能同时涉及高处作业、动火作业、临时用电作业，则可以结合这项检修工作，做总体的安全交底，不必单独针对每一项特殊作业分别进行安全交底。

（5）同一作业涉及不同的特殊作业类型，为什么需要分别办理相关联的安全作业票？

解读：在从事特殊作业过程中，可能涉及多种作业类型。如在受限空间内动火，可能会涉及受限空间、动火和临时用电等作业，在管廊上焊接管道涉及高处、动火和临时用电等作业类型；在高大塔器里拆卸部件可能还会涉及高处、受限空间、动火作业多种作业类型等。

每种作业存在的风险是不同的，所采取的风险管控措施也不一样。在公司制订的作业票中明确了各种作业需要识别的风险及防控措施。当同一作业涉及不同的特殊作业类型时，分别办理相关联安全作业票的目的就是将各种可能的风险全部识别和管控到位。

（6）为什么要强调作业期间监护人不得擅自离开作业现场且不得从事与监护无关的工作？

解读：监护人在特殊作业过程中承担着极其重要的作用，因此监护人必须认真履行好自己的职责，与作业实施人一起，共同确保作业过程安全。作业期间监护人离开现场，就不能很好地履行监护人的职责。

该要求特别规定监护人在监护期间不得从事与监护无关的事，就是针对部分企业随意安排监护人，不能专心履行监护职责的问题提出的严格要求。要求监护人必须专心做好监护工作，不能兼做其他事。

【案例】2017年2月17日，吉林某石化公司作业人员在安装原料水罐远传液位计动火作业中，引爆罐内可燃气体，发生爆炸，造成3人死亡。事故原因之一就是车间动火监护人擅自离开动火现场，未落实动火作业的属地监护人职责。

（7）如何理解"监护人确需离开作业现场时，应收回安全作业票，中止作业"？

解读："作业期间，监护人不应擅自离开作业现场且不应从事与监护无关的事。确需离开作业现场时，应收回安全作业票，中止作业。"就是要求监护人员认真履行监护职责，无故不得离开作业现场。确实需要离开作业现场的，应要求作业人员暂停作业，如停止动火作业、受限空间内的人员离开受限空间、停止拆卸盲板、停止吊装、停止接电等。对动火作业还要求在30min内返回现场，方可继续动火作业，否则应对周围气体重新检测分析。收回工作票只是一种手段，其目的还是要求强制中止作业，避免在缺乏监护期间发生意外事故。

如果监护人确需离开作业现场，也可由其他经培训考核合格的监护人来接替行使监护人职责，但必须做好相关的交接工作，并在安全作业票中做好相关的记录。

【案例】2015 年 10 月 19 日，江苏某化工建设工程公司发生一起一氧化碳、硫化物中毒事故，造成 3 人死亡。事故原因之一是入罐作业人员未佩戴空气呼吸器，不能与罐外监护人随时保持联系，监护人中途脱岗，没有起到监护作用。

（8）企业在动火分析时将可燃气体浓度小于 10%LEL 作为满足动火作业条件，是否符合标准要求？

解读：LEL 为可燃气体（蒸气）的爆炸下限，它不是一个单位，而是一个具体的数值，每种可燃气体（蒸气）的 LEL 均不一样。经过换算后发现，实际工作常见的大部分可燃气体（蒸气）的 10%LEL，能满足本书确定的气体（蒸气）动火分析合格标准［当被测气体或蒸气的爆炸下限大于或等于 4% 时，其被测浓度应不大于 0.5%（体积分数）；当被测气体或蒸气的爆炸下限小于 4% 时，其被测浓度应不大于 0.2%（体积分数）］，但仍有部分不能满足要求。所以应执行本书的可燃气体分析合格标准。

使用便携式可燃气体检测仪进行可燃气体（蒸气）检测分析时，检测仪显示数值的单位为（%LEL）的，应结合本书气体分析合格标准进行数值换算。

序号	物质名称	爆炸下限 LEL %	10%LEL %	序号	物质名称	爆炸下限 LEL %	10%LEL %
1	甲烷	5	0.50	8	丙烷	2	0.20
2	甲醇	6	0.60	9	丙烯	2	0.20
3	氨	15	1.50	10	苯	1.2	0.12
4	一氧化碳	12.5	1.25	11	甲苯	1.1	0.11
5	焦炉煤气	4	0.40	12	乙醇	3.3	0.33
6	硫化氢	4	0.40	13	二甲醚	3.4	0.34
7	氢	4	0.40	14	乙炔	2.5	0.25

（9）为什么要规定特级动火作业需要进行视频采集？影像记录要存留多长时间？一级动火作业升级后的特级动火作业是否也需要视频采集？

解读：特级动火作业由于其作业地点具有极易出现易燃易爆危化品和一旦发生事故后可能导致严重后果的特点，决定其具有很高的作业风险。因此，必须对特级动火作业进行严格管理。特级动火作业要全程视频采集的目的是：

① 可通过查看各基层单位动火作业实施过程的视频来剖析特殊作业管理环节存在的问题，查找不足，以提高安全管理水平；

② 属地负有安全监管职责的部门也可对动火作业开展不定期的抽查检查，督促强化主体责任落实，做好动火作业环节的风险管控；

③ 一旦在动火时发生事故，视频材料也可以用于分析查找事故原因，吸取教训。

对特级动火作业进行视频采集，作业过程影像记录应至少留存一个月，一级动火作业升级后的特级动火作业同样需要视频采集。

（10）为什么要强调乙炔气瓶必须安装回火防止器？

解读：在使用乙炔焰进行气焊气割作业时，如发生火焰倒流或点火失败等现象，倒流的火焰通过焊割炬可能烧到乙炔胶管内或回窜到乙炔气瓶中。气瓶的温度和压力急剧上升，乙炔发生分解而引起爆炸。回火防止器可有效隔绝火焰回烧延至气瓶内部，防止发生严重的乙炔气瓶着火爆炸事故。

（11）为什么要规定动火作业时，氧气瓶、乙炔气瓶和动火点相互间要保持一定距离？

解读：氧气瓶与乙炔气瓶、动火点相互间要保持一定距离，主要考虑在进行动火作业时，动火点设备部件经加热后，热量会随之传递形成新的点火源，如果此时出现乙炔气瓶泄漏，应保证在泄漏点周围无点火源或原有动火点附近无可燃气体，因此规定乙炔气瓶要与动火点保持间距。氧气是氧化剂，物质在空气中的燃烧状态和在富氧环境中的燃烧状态完全不同,氧气浓度上升后会加速物质燃烧,有些物质经火焰加热后只会呈红热状态,但是在富氧环境中会剧烈反应,因此同样要求氧气瓶应与动火点保持距离间隔。

(12)在受限空间内作业时,为什么不能向受限空间充纯氧气或高氧空气?

解读:如果向受限空间允纯氧气或富氧空气,受限空间内会出现富氧环境,带来富氧风险:

① 在氧含量过高的富氧状态下,人体自由基会受到影响,直接损害健康,直至死亡。

② 在富氧环境下,平时较为稳定的介质易引起火灾爆炸事故,后果也会更加严重,富氧条件下可燃固体更容易燃烧,固体和液体的着火点降低,爆炸压力增强。

向受限空间内通风,保持空气流通,是目前采用的最简捷便利又经济适用的通风方式,既可以保证受限空间内氧气不超限,又能保证有足够的氧气。

【案例】 2019年7月19日,河南省某气化厂C套空分装置发生重大爆炸事故,造成15人死亡、16人重伤,爆炸产生冲击波导致周围群众175人轻伤,直接经济损失8170余万元。事故直接原因是,该气化厂C套空分装置冷箱与粗氩冷凝器液空出口阀相连接管道发生泄漏没有及时处置(时间长达23天),富氧液体泄漏至珠光砂中,低温液体造成冷箱支撑框架和冷箱板低温冷脆,在冷箱超压情况下,发生剧烈喷砂现象(砂爆)并导致冷箱倒塌,砸裂东侧500m³液氧储槽及停放在旁边的液氧槽车油箱,大量液氧迅速外泄到周边区域,遇到正在运行的液氧充车泵及电控箱产生的电弧火花,造成了爆炸。

(13)为什么要对进入受限空间作业的人员及其携带的工具进行登记、清点?

解读:监护人应对进入受限空间的人员及其携带的工器具种类、数量进行登记，作业完毕后再次进行清点，防止遗漏在受限空间内。其主要目的就是避免人员或工器具落在受限空间内引发严重后果。

① 对进出受限空间内的人员进行登记，防止检维修后异常状况致使作业人员遗留在受限空间内，发生事故。

② 大多数工器具为金属质或木质，如果被遗忘在受限空间内，一方面可能和进入的物料发生反应，产生有毒有害或者易燃易爆气体；另一方面受物料高速冲刷，可能变成碎块随物料进入泵或风机、压缩机入口，堵塞动设备入口管道，造成不期望的结果。

（14）为什么不能在同一管道上同时进行两处或两处以上的盲板抽堵作业？

解读：规定的原因，主要是考虑到作业过程中的管道或管件的连接安全，避免管道、短接等意外脱落砸伤作业人员或造成物料的泄漏。

（15）高处作业时，如何防范高空触电危险？

解读：高处作业时，如果作业场所附近有架空电力线路，当作业人员作业时就有可能因身体部位或金属工器具接触到电线而造成人员触电事故。因此高处作业时，作业位置必须要与危险电压带电体保持足够的距离，同时作业人员还应穿绝缘鞋，必要时戴绝缘手套或停电后再作业。

作业活范围与危险电压带电体的安全距离如下：

危险电压带电体的电压等级 kV	≤10	35	63～110	220	330	500
距离，m	1.7	2.0	2.5	4.0	5.0	6.0

（16）为什么要规定用于动火、受限空间作业的临时用电时间应和相应作业时间一致？

解读：用于动火、受限空间作业的临时用电时间应和相应作业时间一致主要是考虑动火、受限空间作业是相对风险较高的作业，这两项作业结束后，应及时拆除临时用电线路，以防作业环境发生变化，临时用电线路及有关电气设备会引发人员触电、火灾爆炸等事故。

（17）为什么在盲板抽堵作业前，要绘制盲板位置图，要对盲板进行编号？对盲板编号是否有统一规范？

解读：在盲板抽堵作业前，要绘制盲板位置图，要对盲板进行编号，其目的有三个：

① 避免盲板抽堵作业过程中漏抽（堵）、错抽（堵）。盲板抽堵作业完成后，在抽堵的位置还要做明显标记，便于追溯，在交出、作业、验收、开车等环节，不同的人均可准确找到盲板位置。同时也要注意作业票上绘制的盲板位置图应与实际一致。

② 盲板的抽（堵）和恢复也许间隔时间较长，同一盲板的两次作业也许由不同的人员完成，如果没有编号，在现场交底过程中容易出现偏差、甚至造成作业失误，严重时酿成事故。

③ 各单位应建立盲板台账，如实记录盲板抽堵情况。为便于管理，台账盲板汇总表中应有盲板编号。

目前，盲板编号没有统一规范，各单位可以根据管理方便自行确定。但为了工作方便、准确，一般采用装置单元号＋盲板序号的原则。盲板编号应与盲板位置一一对应。保持盲板确切位置非常重要，否则容易引发事故。

（18）盲板的选择要求有哪些？

解读：HG/T 21547—2016《管道用钢制插板、垫环、8字盲板系列》规定了管道用钢制插板、垫环、8字盲板的基本技术要求，包括公称尺寸、公称压力、材料、压力、温度额定值、密封面尺寸、公差及标记。

JB/T 2772—2008《阀门零部件 高压盲板》主要规定了锻造角式高压阀门用无孔透镜垫密封盲板形式、尺寸、技术要求等，适用于公称压力 PN160～320、公称尺寸 DN3～200 的盲板，也就是主要针对高压系统盲板制作时的要求。在盲板选择方面，主要要求如下：

① 盲板应按管道内介质的性质、压力和温度选用适合的材料。高压盲板应按设计规范设计、制造并经超声波探伤合格。

② 盲板的直径应依据管道法兰密封面直径制作，厚度应经强度计算。

③ 一般盲板应有一个或两个手柄，便于辨识和抽堵，8字盲板可不设手柄。

④ 应按管道内介质性质、压力和温度选用合适的材料做盲板垫片。

（19）采用专用吊具吊装重物，并按照设备操作规程对起重机械进行操作，是否还需要再办理吊装作业票？

解读：需要办理吊装作业票。尽管采用专用吊具，并按操作规程对起重机械进行操作，但吊装作业属于特殊作业，在吊装作业过程中潜在诸多的风险和不可控因素，稍有疏忽即可能导致事故的发生，所以要按规定办理安全作业票。对于经常性地采用专用吊具重复吊装重物的作业，可由公司确定吊装作业票的有效期（比如3天、5天等），在有效期内不必每次吊装重复办理安全作业票。

（20）吊装作业前试吊的注意事项有哪些？

解读：吊装作业前不进行试吊，如果吊装物质量大、吊装物捆绑不牢、起重机械不稳，有可能发生起重机械倾倒、吊装物坠落，造成重大财力损失，甚至人员伤亡。所以大中型设备、构件吊装前应进行试吊。

试吊前参加吊装作业的人员应按岗位分工，严格检查吊耳、起重机械和索具的性能情况，确认符合方案要求后才可试吊。

试吊的程序：重物吊离地面100mm后停止提升，检查吊车的稳定性、制动器的可靠性、重物的平衡性、绑扎的牢固性，确认无误后，方可继续提升。试吊时，指挥、司索人员及其他无关人员应远离作业点。

（21）为什么要规定临时用电的动力线和照明线分开设置？

解读：依据JGJ 46—2005《施工现场临时用电安全技术规范》中8.1.4的要求，动力配电箱与照明配电箱宜分别设置。当合并设置为同一配电箱时，动力和照明应分路配电，动力开关箱与照明开关箱必须分设。

因照明和动力分属不同种用电负荷，照明一般很难三相负荷平衡，会影响动力（电动机）的正常运行，同时动力电一般采用380V供电，照明电为220V供电，电压不一样。另外动力设备启动时会造成暂态的电压降低，会影响正常工作照明，不能保证作业安全。照明电源仅带照明负荷、不能带电焊机等单相和三相动力负荷。

临时用电的动力线和照明线分开设置，也可以在发生事故进行救援时，停止动力供电后，仍能保持现场照明，以保证抢险作业的顺利进行。

（22）在什么情况下应该办理断路作业票？

解读：在生产区域内，交通主、支路与车间引道上进行工程施工、吊装、吊运等作业，致使道路有效宽度不足，可能会影响正常交通，尤其影响消防、急救等救援车辆正常通行时，均应办理断路作业票。

对于作业时占用半幅道路，另半幅能正常通行情况下，如果可供通行的半幅道路有效宽度足以满足消防等救援车辆正常通行时，可不需办理断路作业票。

办理断路作业票的目的，就是要将断路信息及时通知有关部门，主要是负有应急救援的部门，这些部门应做好相应的车辆行驶路线安排，一旦厂区内发生紧急情况需要救援车辆出动时，可及时调整应急救援路线，避开占用的道路，采取绕行其他道路的方式，以免影响救援行动。

（23）安全作业票中的"作业实施时间"是指实际作业时间，还是计划作业时间？"作业实施时间"的开始时间和结束时间应在什么时机填写？安全作业票的有效期从哪个时间点算起？

解读：各安全作业票的"作业实施时间"是指实际作业开始时间和实际作业结束时间。作业开始时间应在作业票批准后正式开始作业时填写，作业结束时间应在作业结束后再填写。安全作业票的有效期从安全作业票中"作业实施时间"的开始时间算起。

（24）各安全作业票中的"作业实施时间"的作业结束时间与"完工验收"时间之间是什么关系？

解读：特殊作业完成后应及时进行验收。安全作业票中"完工验收"时间可与"作业实施时间"的作业结束时间相同，或迟于"作业实施时间"的作业结束时间（一般在 10min 以内）。"完工验收"时间不应迟于"作业实施时间"的作业结束时间过长（如超过 30min）。

完工验收时间允许超过作业有效期，但要确保进入完工验收阶段后不再进行实际作业。如超过有效期且经验收未达到预期要求，需要补充作业时，应重新办理安全作业票。

第三节　安 全 禁 令

一、临时用电"十不准"

（1）无证电工不准安装电气设备；

（2）任何人不准玩弄电气设备和开关；

（3）不准使用绝缘损坏的电气设备；

（4）不准利用电热设备和灯泡取暖；

（5）任何人不准启动挂有警告牌和拔掉熔断器的电气设备；

（6）不准用水冲洗和揩擦电气设备；

（7）熔丝熔断时不准调换容量不符的熔丝；

（8）不准在埋有电缆的地方未办任何手续打桩动土；

（9）有人触电时应立即切断电源，在未脱离电源前不准接触触电者；

（10）雷电时不准接触避雷器和避雷针。

二、电气焊作业"十不准"

（1）无特种作业操作证不焊、割；

（2）雨天、露天作业无可靠安全措施不焊、割；

（3）装过易燃、易爆及有害物品的容器，未进行彻底清洗、未进行可燃浓度检测不焊、割；

（4）在容器内工作无 12V 低压照明和通风不良不焊、割；

（5）设备内无断电，设备未泄压不焊、割；

（6）作业区周围有易燃易爆物品未消除干净不焊、割；

（7）焊体性质不清、火星飞向不明不焊、割；

（8）设备安全附件不全或失效不焊、割；

（9）锅炉、容器等设备内无专人监护、无防护措施不焊、割；

（10）禁火区内未采取安全措施、未办理动火手续不焊、割。

三、吊装作业"十不吊"

（1）吊物重量不清或超载不吊；

（2）指挥信号不明不吊；

（3）捆绑不牢、索具打结、斜拉歪拽不吊；

（4）吊臂吊物下有人或吊物上有人有物不吊；

（5）吊物与其他相连不吊；

（6）棱角吊物无衬垫不吊；

（7）支垫不牢、安全装置失灵不吊；

（8）看不清场地或吊物起落点不吊；

（9）吊篮、吊斗物料过满不吊；

（10）恶劣天气不吊。

四、高处作业"十不准"

（1）患有高血压、心脏病、贫血、癫痫、深度近视眼等疾病不准登高；

（2）无人监护不准登高；

（3）没有戴安全帽、系安全带、不扎紧裤管时不准登高作业；

（4）作业现场有六级以上大风及暴雨、大雪、大雾不准登高；

（5）脚手架、跳板不牢不准登高；

（6）梯子无防滑措施、未穿防滑鞋不准登高；

（7）不准攀爬井架、龙门架、脚手架，不能乘坐非载人的垂直运输设备登高；

（8）携带笨重物件不准登高；

（9）高压线旁无遮拦不准登高；

（10）光线不足不准登高。

五、管线打开（盲板抽堵）"十不准"

（1）未办理作业许可票不准打开；

（2）无人监护不准打开、抽堵；

（3）泄压未落零不准打开、抽堵；

（4）物料未释放不准打开、抽堵；

（5）能量未隔离不准打开、抽堵；

（6）流程未确认不准打开、抽堵；

（7）未上锁挂签不准打开、抽堵；

（8）气体检测不合格不准打开、抽堵；

（9）人员未站至安全位置不准打开、抽堵；

（10）防污染措施未落实不准打开、抽堵。

六、受限空间"十不准"

（1）未办理进入受限空间作业许可票不准作业；

（2）受限空间内风险不清楚不准作业；

（3）气体双检测不合格不准作业；

（4）物料、能量来源未切断、隔离不准作业；

（5）工艺、设备或环境安全条件变化，未重新评估不准作业；

（6）监护人员未在现场不准作业；

（7）监护人员与作业人员不能有效沟通不准作业；

（8）应急救援物资未配备、逃生措施未落实不准作业；

（9）光线、通风不良不准作业；

（10）发现异常情况不准贸然救援。

> 按照先检测、后作业的原则，凡要进入有限空间危险作业场所作业，必须根据实际情况事先测定其氧气、有害气体、可燃性气体、粉尘的浓度，符合安全要求后，方可进入。在未准确测定氧气浓度、有害气体、可燃性气体、粉尘的浓度前，严禁进入该作业场所。

七、动土作业"十不准"

（1）未办理动土作业许可票不准作业；

（2）地下隐蔽设施不明确不准机械挖掘作业；

（3）雷雨、暴雨天气不准作业；

（4）生产集输区域属地监督未到位不准作业；

（5）雨后未重新对作业环境进行风险评估不准作业；

（6）存在塌方风险，无挡土板、支撑件等控制措施不准作业；

（7）开挖后坑、沟、槽区域无警戒隔离措施不准作业；

（8）重型机械或重物与坑、沟槽边沿距离小于安全距离不准作业；

（9）不按设计要求设置放坡比不准作业；

（10）坑、沟、槽内不准乘凉休息。

八、断路作业"十不准"

（1）未经审批同意不准断路作业；

（2）无现场作业监护人员的不准断路作业；

（3）未制订作业方案的不准断路作业；

（4）作业方案未能保证消防车等重要车辆通行的不准断路作业；

（5）作业方案未通知相关部门或单位的不准断路作业；

（6）未在断路的路口和相关道路上设置安全警示标志的不准断路作业；

（7）未在作业区附近设置路栏、道路作业警示灯、导向标等安全警示设施的不准断路作业；

（8）夜间作业未设置警示红灯的不准断路作业；

（9）道路作业警示灯不符合作业环境要求的不准断路作业；

（10）存在其他特殊作业时未办理相应的作业审批手续的不准断路作业。

九、射线作业"十不准":

(1)未取得辐射安全培训合格证书或核技术利用辐射安全与防护考核成绩不合格不准作业;

(2)未配置专用防护服、铅罐和长柄钳等应急处置工具不准作业;

(3)未佩戴个人剂量片和个人剂量报警仪不准作业;

(4)作业人员职业照射有效剂量连续5年年平均有效剂量超过20mSv或其中一年中有效剂量超过50mSv不准作业;

(5)未佩戴便携式辐射剂量仪不准作业;

(6)未检查射线装置完好性不准作业;

(7)施工区域未设置职业危害警示和警示说明不准作业;

(8)施工区域未设专人监护巡视不准作业;

(9)入口处未设置安全和防护设施及必要的防护安全联锁、报警装置不准作业;

(10)施工前未向所有受影响相关方进行告知不准作业。

十、特殊非常规作业现场"十不准"

(1)作业计划未备案不准作业;

(2)未办理作业许可票不准作业;

(3)作业计划、方案未经审批不准作业;

(4)劳保穿戴不齐不准作业;

(5)安全措施未检查确认不准作业;

(6)监护人未在现场不准作业;

(7)作业区域未警戒隔离不准作业;

(8)不准在施工现场吸烟;

(9)不准在施工区域乘凉休息;

(10)不准酒后或带领非工作人员进入现场。

说安全话

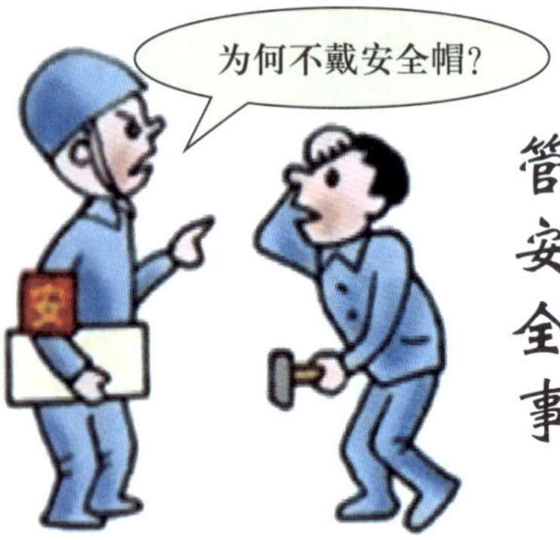

管安全事

上安全课

做安全人

第四节　风险防控

一、通用要求

（1）工作前安全分析应结合现场实际风险进行分析，禁止脱离实际进行套用；

（2）现场负责人必须对全员进行安全技术交底，对特种作业人员资质进行审核（电工、焊工、脚手架工等特种作业人员）；

（3）许可证公示作业现场，作业许可证及附件相关人员签字严禁代签；

（4）现场多点作业时应根据实际风险情况办理不同作业许可和工作前安全分析，严禁一票多用；

（5）严格落实公司安全生产挂牌制管理制度，标明区域范围、"区长"姓名、职务和有效的联系方式），公示牌应悬挂在高危施工区域入口处显著位置；

（6）严禁擅自遮挡、破坏现场视频监控。

二、高处作业

1. 基本要求

（1）手持工具放置在工具袋内，并设有防脱系带，物料传送严禁抛掷；

（2）禁止同一垂直面无隔离措施同时作业，作业点下方设置警戒，禁止人员进入，防止坠物伤人；

（3）使用全身式安全带且高挂低用，使用前检查安全带挂钩、连接部位是否完好，悬挂点是否稳固；

（4）现场监护人严格履行监护职责，严禁安全措施不落实、未确认冒险登高作业。

2. 梯子

（1）人员上下梯子时必须面朝梯子，上下过程必须有人扶好梯子；

（2）严禁使用材料私自加高、垫高梯子，严禁使用自制和有缺陷的梯子；

（3）不得将梯子摆放至门口、拐角、通道处使用，如需要必须设置警示标识并安排专人看护，防止通行人员碰倒梯子；

（4）严禁2人同时使用梯子，严禁带人移动梯子；

（5）人字梯使用前检查中间固定杆是否完好可靠，使用时保证梯子完全打开并锁定；

（6）直梯使用时与地面角度以60°为宜，梯子上端应超出平台至少1m。

3. 爬杆

使用桅杆式安全带，登高前检查脚扣、腰带及各连接部位是否完好并连接紧固。

4. 登抽油机

（1）作业前检查扶梯等是否牢固，无断裂、开焊等情况；

（2）作业前检查抽油机是否停机断电并锁好死刹；

（3）操作过程中施力平稳、防止施力过猛踩空造成人员受伤。

5. 悬吊

（1）作业前检查安全绳承重能力是否达标，检查固定点、安全绳及各连接部位是否完好可靠；

（2）使用前应从低处做承重试验；

（3）座板式吊具及绳索具备出厂合格证，且完好可用；

（4）选择牢靠锚固点，配有自锁安全绳；

（5）作业人员衣着灵便，严禁穿硬底鞋和易滑的鞋。

6. 临边作业

作业前在作业平台设置固定点，并测量固定点与作业点距离，使用区域限制型安全带或安全绳。

三、吊装作业

1. 基本要求

（1）严禁违反"十不吊"要求进行作业；

（2）指挥人员持有效操作证并佩戴标识；

（3）吊臂旋转半径范围内设置警戒，牵引绳不应绑在吊绳上使用，吊物高于肩部时禁止手扶，严禁作业人员在吊臂、吊物下穿行或站立；

（4）吊索具完好无破损（使用钢丝绳前，检查钢丝绳无变形、断丝）；

（5）检查吊车主要安全附件完好可靠（如限位器、吊钩闭锁、信号灯等）；

（6）防火防爆区域吊装作业做好车辆、作业机等排气管阻火器佩戴及关闭；

（7）严禁屏蔽吊车安全限位、报警系统。

2. 吊装储罐

（1）吊装前核算储罐重量，防止罐内积液等造成超载吊装；

（2）拆除储罐电缆、管线等附属设备前确认是否已断电，流程是否已切断；

（3）储罐连接管线拆除后及时对断接处进行盲板封堵，对拆除电缆进行拆除回收；

（4）吊装结束后及时清理场地，严格按照规定对工业垃圾进行处置。

3. 吊装管材

（1）捆绑吊装时，确保所吊管材为同一型号，管材捆绑牢固、重心平衡；

（2）穿绳时使用专用铁钩，禁止人员身体部位探入吊物下进行穿绳作业；

（3）禁止单线吊装，防止吊物失去平衡倾倒伤人。

4. 吊装固废

（1）吊装前检查包装带是否完好，防止吊装过程吊物散落；

（2）落实环保措施，防止岩屑或者泥浆落地，造成环境污染；

（3）吊装结束后及时清理现场。

5. 吊装阀门井口

（1）做好法兰面的保护措施，禁止将法兰面端落地放置，防止法兰面磨损造成后期密封不严；

（2）吊车进出场站专人指挥，吊车与场站内设备设施保持安全距离，防止碰撞管线流程及设备。

6. 吊车解卡

（1）解卡时严禁手扶光杆；

（2）利用防脱帽解卡前对光杆防脱帽进行紧固，作业人员站至安全位置；

（3）禁止强行提升解卡，防止拉断抽油杆。

7. 吊装连油

（1）每完工一次对锁具进行一次全面检查；

（2）每班次定时对吊车基座和负荷进行检查，出现负荷增大及时调整。

8. 挖机吊装

（1）作业前根据施工环境风险辨识，制订风险防控措施；

（2）禁止单线吊装，吊装过程禁止人员在挖机下方及视野盲区向活动、站立，防止挖机侧翻或挤伤作业人员；

（3）禁止使用斗齿进行吊装。

四、动火作业

1. 基本要求

（1）正确佩戴护目镜、焊工面罩、焊工手套、防尘口罩等个人劳动防护用品；

（2）动火作业前清理动火点周围 5m 范围内的可燃物（暂不能清理

的需做好隔离措施）；

（3）进行气体检测（使用两台气体检测仪进行对比检测，并双记录），如30min内未进行动火作业，应重新进行气体检测；

（4）动火作业过程中，气体检测间隔不应超过1h，记录检测时间和检测结果，结果不合格时应立即停止作业；

（5）每个动火点至少配备两具性质相同的灭火器。

2. 电焊

（1）根据工艺技术条件正确选用焊条、焊接电流，禁止超负载使用；

（2）配备齐全劳保用品（电工靴、绝缘手套、护目镜）；

（3）移动电焊前应切断电源，禁止用臂夹持带焊钳，以免触电，电焊机接地及电阻检测（接地大于60cm；电阻不大于4Ω）；

（4）使用多台电焊机时，间隔必须不小于60cm；

（5）外壳接地禁止用螺纹钢、螺丝刀接地。

3. 气焊

（1）气瓶使用前应检查气瓶减压器、流量表、软管、回火装置等安全附件，是否有泄漏、磨损及接头松懈的现象；

（2）气瓶严禁卧放使用，设置防倾倒、防雨、防晒措施，禁止脚踢滚动气瓶，氧气、乙炔瓶相距不小于5m，距动火点不小于10m，连接胶管正确使用；

（3）乙炔气瓶应安装防回火装置且不得绝缘使用，氧气瓶瓶体严禁沾染油脂类物品，气体禁止用尽（不低于0.05MPa），作业结束必须将胶管内气体泄压。

4. 氩弧焊

（1）氩弧焊工作场地必须空气流通；

（2）钍钨极和铈钨极应放在铝盒内保存。

5. 热熔焊

（1）使用临时用电设备时，设备接电执行"一机一闸一保护"要求，严禁带电移动；

（2）熔接完成后，断掉电源，将加热板放在安全的地方，以免意外接触烫伤。

6. 打磨切割

（1）作业前检查线缆、切割机、角磨机防护罩、切割片是否完好可靠；

（2）打磨切割设备前方严禁站人；

（3）使用完毕后及时切断电源。

7. 等离子切割

（1）现场使用的等离子切割机，应设有防雨、防潮、防晒的机棚；

（2）作业前检查并确认电源、气源、水源无漏电、漏气、漏水，接地或接零安全可靠，割炬与手触摸部分绝缘完好，压力表等附件按期校验；

（3）使用完毕后及时切断电源。

8. 非防爆工具

（1）作业前对非防爆工具进行全面检查，禁止使用安全防护部件缺失或存在缺陷的非防爆工具；

（2）作业对象做好湿化处理，防止作业过程产生火花；

（3）操用可能产生飞屑、火花等非防爆设备时必须配戴防护眼镜。

9. 刷漆防腐

（1）作业前组织作业人员识别油漆及稀释剂危害，落实防控措施；

（2）剩余废料进行回收处理，严禁任意排放；

（3）暂停施工阶段，物料、工器具摆放至规定位置，并警戒隔离，禁止占用巡检通道。

10. 管线连头

（1）作业前制订施工方案并按程序审批；

（2）管线预制应移至非防爆区域进行，焊接前检查流程是否已切断并用盲板隔离；

（3）持续气体监测，防止阀门内漏，试运行后加密观察焊接部位运行情况。

11. 焊割易燃易爆物容器、管线

（1）作业前对容器进行清理，清除残余可燃物体，防止发生闪爆事故；

（2）保持容器、管线通风良好，限制作业现场人数。

12. 受限空间动火

（1）严格按照受限空间作业安全管理规定落实作业许可、通风、检测、现场监护等安全措施；

（2）受限空间内焊割作业时，作业人员应系阻燃或不燃材料的安全绳，禁止将气瓶放置在受限空间内；

（3）设置必要的安全逃生通道，逃生梯等逃生设施，确保动火作业人员的安全和逃生。

13. 高处动火

（1）清理动火点下方的可燃物，对施工区域下方进行警戒，并做好防火花飞溅措施；

（2）作业人员使用阻火材质安全带，安全带系挂点必须稳固，施工过程设置专人进行监护，禁止人员靠近。

五、动土作业

1. 基本要求

（1）电缆、管线等隐蔽设施图到位并确认隐蔽设施位置后（如存在电缆，必须断电后施工）方可施工，施工过程做好监护；

（2）雨后施工及时清理沟槽内积水，对沟槽边沿土层情况进行风险识别，防止土质松软造成坍塌；

（3）夜间作业如果坑、沟槽在敞开状态，应安装红灯警示，其他地区设置警戒线等设施。

2. 人工挖掘

（1）使用工器具时保持距离（不小于 2.5m），防止误伤；

（2）使用电动破碎工具时检查工具是否完好，防护设施是否齐全，防止飞石伤人；

（3）作业人员不应在坑、沟槽内休息，或在坑、沟槽上端边沿站立、逗留。

3. 机械挖掘

（1）挖机与沟槽边沿保持距离，防止挖机侧翻；

（2）挖出物料距沟槽边沿至少 1m，坡度不大于 45°，挖出物料禁止堵塞排水通道；

（3）多台挖机作业时，保持安全距离（不小于 10m），防止相互误碰造成事故发生；

（4）挖机作业半径范围内禁止人员走动，防止视觉盲区内发生人员碾压事故。

4. 建设单位在生产属地内挖掘

（1）两部所聘承包商必须向属地单位申请办理作业许可票，两部和属地单位必须同时履行现场监督职责，并在作业许可证上签字确认；

（2）未投入使用（包括已建成未竣工验收）设备设施的属地内开展高风险作业，由"两部"聘用的承包商负责，如果高风险作业影响到属地单位生产安全，必须提前 24h 告知，属地单位应在作业许可证相关方中签字确认，并进行生产安全技术交底，两部履行现场监督职责，并在作业许可证上签字确认。

5. 管沟回填

（1）回填作业时按照方案设计做好细土保护和水保工作，禁止石块等硬物直接与管道、线缆接触；

（2）回填作业时禁止人员同时在沟槽内作业，回填后土层应高出地面 30cm 以上；

（3）陡坡段应设置堡坎，防止土层下沉拉伤管道、线缆。

六、临时用电

1. 基本要求

（1）设备接电执行"一机一闸一保护"要求，临时配电柜中心点至地面不低于 0.8m；

（2）使用与作业许可功率匹配的用电设备并进行接地，接地电阻检测（不大于 4Ω）；

（3）选择耐压等级不低于 500V 的绝缘电缆，严禁使用白皮线、花线作电源线；

（4）雨天作业做好配电柜、用电设备、电源线的防水措施，防止因漏电发生触电事故。

2. 手持电动工具

（1）严禁私自接长电源线，使用前检查工具护罩及外壳是否完好，固定牢固；

（2）使用完毕后及时断电严禁带电搁置或移动。

3. 潜水泵

禁止用铁丝等导电材料悬挂潜水泵，提升过程禁止拽拉电缆。

4. 生产现场接电

严格按照属地单位要求进行接电，用电结束后，按照要求进行恢复，并由属地单位进行确认。

七、管线打开（盲板抽堵）

1. 管线打开

（1）管线打开前按照程序切断流程并上锁挂签，进行放空、泄压、气体检测合格后方可作业；

（2）施工区域警戒隔离，禁止非工作人员靠近，操作过程必须侧身站位；

（3）作业完成后按照要求恢复流程，并由属地部门进行确认；

（4）落实环保措施，放空物体禁止随地丢弃。

2. 盲板抽堵

（1）作业区域所在单位应当在盲板抽堵作业前预先绘制盲板位置图，对盲板进行统一编号，设专人统一指挥；

（2）根据管道内介质的性质、温度、压力和管道法兰密封面的口径等选择相应的盲板及垫片；

（3）高压盲板使用前应经超声波探伤；

（4）盲板抽堵作业前，应当降低系统管道压力至常压；

（5）作业现场应保持通风良好，并设专人监护；

（6）盲板抽堵作业时，应当按位置图作业，并对每个盲板进行标识，标牌编号应当与盲板位置图上的盲板编号一致；

（7）不应在同一管道上同时进行两处或者两处以上的管线打开（盲板抽堵）作业；

（8）同一盲板的抽、堵作业，应分别办理盲板抽堵作业许可证，一张作业许可证只能进行一块盲板的一项作业；

（9）盲板应当加在有物料来源阀门的另一侧，盲板两侧均需安装合格垫片；

（10）在火灾爆炸危险场所进行盲板抽堵作业时，应当使用防爆工具。

八、受限空间

1. 基本要求

（1）作业前对受限空间进行风险辨识，落实区域警戒隔离、逃生设施设置等措施；

（2）限制受限空间内作业人数，现场专人全程监护，如发现意外情况请勿盲目施救。

2. 土方施工

受限空间临边有挖机、吊车等机械作业时，禁止人员在受限空间临边作业，防止土层坍塌。

3. 清掏循环罐

（1）作业前对罐内上、中、下部位进行气体检测（使用四合一气体检测仪进行对比检测），作业人员交替进行作业；

（2）临时雇佣人员作业时属地单位必须对作业人员进行安全交底，并安排属地方进行全程监督。

4. 容器内作业

（1）保持通风良好，氧气浓度保持在 19.5%～23.5%，照明充足；

（2）进入受限空间应使用防爆电筒或电压不大于 12V 的防爆安全行灯，行灯变压器不应放在容器内或容器上，接入受限空间内的软电缆或软线不得任意接长或拆换；

（3）变压器、漏电保护器、控制管和电源连接器等必须放在受限空间外，且专人监护。

5. 方井内作业

（1）作业前对方井内上、中、下部位进行气体检测（使用四合一气体检测仪进行对比检测），作业人员交替进行作业；

（2）禁止人员无防护措施站至采气树、防喷器上作业，如使用安全带，禁止将安全带系挂于阀门及气液管线上。

九、断路作业

1. 基本要求

（1）制订交通组织方案，并能保证消防车和其他重要车辆的通行，满足应急救援要求；

（2）作业区域附近设置路栏、锥形交通路标、道路作业警示灯等交通警示设施；

（3）消防通道上的断路作业，必须分步施工，确保消防车顺利通行；

（4）断路作业使用的工件、材料摆放位置不得影响正常交通；

（5）夜间或者雨、雪、雾天进行断路作业时设置道路作业警示灯。

2. 山区断路

（1）落实防滚石措施，防止滚石伤人或对过往车辆造成影响；

（2）进行爆破作业时，应对下方路段进行管控，禁止车辆、人员通行。

3. 低洼处断路

（1）堆土时不能阻断水流通道，防止积水，或改变山洪方向；

（2）关注天气情况，及时预警并采取管控措施，防止山洪引发事故。

十、射线作业

基本要求：

（1）源机或者射线装置的运输、领取、操作和维护保养必须按照源机或者射线装置的管理规定、操作规程等进行，并对放射源出库、放射源作业、退库等关键过程进行摄像监测；

（2）射线作业人员必须在左胸前或者锁骨对应领口处佩戴个人剂量片和个人剂量报警仪；

（3）作业现场必须在醒目位置设置职业危害警示和警示说明；

（4）控制区和监督区范围确定以实测进行调整，并按要求设置相关警示设施；

（5）作业时个人剂量报警仪和辐射剂量仪要一直处于开机状态，监测周围剂量当量率；

（6）作业完毕必须确认源处于源机中或者关闭射线装置电源。

十一、屏蔽安全设施作业

基本要求：

（1）安全屏蔽前需明确安全保护替代措施；

（2）临时的安全保护应能满足原保护系统的必要安全条件；

（3）禁止没有任何措施进行长时间的安全屏蔽。

十二、脚手架作业

1. 基本要求

（1）作业前制订脚手架搭设方案并按程序审批，作业成员持证上岗；

（2）搭设期间挂红牌，脚手架验收合格后挂绿牌；

（3）作业层脚手板必须满铺，严禁人员直接站在脚手架结构件上作业；

（4）上下脚手架必须沿专用通道上下通行，严禁直接翻越脚手架；

（5）拆除作业必须由上而下逐层进行，严禁上下同时作业。

2. 移动式脚手架

（1）使用移动脚手架的场地、四角必须平整，脚手架内外两侧均应设置交叉支撑并与脚手架立杆上的锁销锁牢，操作层上应连续满铺与脚手架配套的挂扣式脚手板，并扣紧挡板，防止脚手板脱落和松动；

（2）设置专人进行脚手架检查和维修工作，使用前将脚手架自身下部的滚动部分固定或拆除；

（3）移动前将架上的物品（材料、物料、工器具等）和垃圾清除干净，并有可靠的防止脚手架倾倒的措施；

（4）严禁带人直接移动脚手架。

3. 脚手架作业

（1）搭设前对地基进行平整并夯实，检查扣件、管材是否完好，禁止使用变形、裂纹等有缺陷的管材，沾油扣件、管材禁止落地放置；

（2）每根立杆底部设置垫板或垫座，底层步距不应大于2m，作业层脚手板应满铺、铺稳，剪刀撑、连墙件、通道等符合设计要求；

（3）使用过程现场负责人每日对脚手架基础、连接部位进行检查，发现隐患及时组织整改；

（4）禁止将线缆直接搭接在脚手架钢结构上，连墙件必须随脚手架逐层拆除，严禁先将连墙件整层或数层拆除后再拆脚手架；

（5）分段拆除高差不应大于2步，如高差大于2步，应增设连墙件加固；

（6）当脚手架拆至下部最后一根长立杆的高度（约6.5m）时，应先在适当位置搭设临时抛撑加固后，再拆除连墙件；

（7）当脚手架采取分段、分立面拆除时，对不拆除的脚手架两端，应设置连墙件和横向斜撑加固；

（8）卸料时各构配件严禁抛掷至地面，运至地面的构配件应及时检查、整修与保养，并按品种、规格随时码堆存放。

十三、试压作业

基本要求：

（1）试压区域警戒隔离，并设置警示标识，禁止非工作人员靠近；

（2）试压前检查管线基墩、固定符合设计要求，防止试压过程发生物体打击；

（3）强度试压、严密性试压压力强度、稳压时间达到设计要求，泄压时必须侧身站位，并佩戴耳罩等防护措施。

第二章

地面工程质量

第一节 现场质量问题及标准

一、物料管理问题

1. 物料混放，乱放

» 风险分析

（1）物料摆放不规范影响现场文明施工，且容易绊倒、割伤作业人员，造成人员受伤；

（2）物料锈蚀，容易造成工程质量不合格或焊接作业时引燃周边可燃物，造成火灾。

» 标准规范

GB 50540—2009《石油天然气站内工艺管道工程施工规范》

4.3.1 材料的储存应符合下列要求：

4 检验合格的焊接材料、防腐材料应分类入库存放。

2. 法兰、弯头等随意摆放，无防护措施

» 风险分析

（1）选取法兰、弯头时容易造成混用；

（2）法兰、弯头等配件密封面造成划痕影响密封效果，材料锈蚀会降低后期使用效果和寿命。

» 标准规范

GB 50540—2009《石油天然气站内工艺管道工程施工规范》

4.3.3　管道附件的储存应符合下列要求：

1　验收合格的管件应分类存放，应保证管件的坡口不受损伤。

2　弯头、弯管、异径管、三通应采取防锈、防变形措施。

3　绝缘接头、绝缘法兰、法兰、垫片、盲板、应存放在库房中并加以保护，并应保证法兰的结合面不受损伤。

3. 预安装管材随地堆放

» 风险分析

（1）影响现场文明施工，容易绊倒施工人员，造成人员跌倒摔伤；
（2）容易造成防腐层损坏，影响后期管材。

» 施工要求

（1）集中堆放并落实防雨、防碰措施，防止管材内部积水锈蚀或因外力造成防腐层破损；
（2）管材堆放地点不得有石块等坚硬物体，不得有积水；
（3）物料分类堆放，且有相关防护措施。

4. 阀门端口未做防护

> **» 风险分析**

容易造成沙石、雨水等异物进入材料内部造成内部锈蚀或内部元件受损，影响后期密封效果和使用寿命。

> **» 施工要求**

对于暂未连接的阀门开口、管线端口、压力表等仪器仪表接头、观察孔等应进行密封保护，防止雨水、异物进入设备设施内部造成锈蚀、损伤等。

5. 主体设备落地放置，未做防护

» 风险分析

（1）大型设备放置不平稳，受力不均匀，容易造成设备底座，本体变形；

（2）落地放置容易造成设备腐蚀或被石子等坚硬物体造成损伤。

» 标准规范

GB 50540—2009《石油天然气站内工艺管道工程施工规范》

4.3.4 阀门、橇装设备宜原包装存放，随机工具、备件、资料应分类造册、妥善保存。

6. 线缆、扁铁、砖块等凌乱摆放（敷设）

» 风险分析

（1）扁铁、石块等坚硬物体容易割伤线缆绝缘层，造成线缆外皮受损，影响绝缘效果；

（2）各种线缆混放，容易造成线缆缠绕，不利于施工；

（3）接地扁铁、电缆施工间距不足，易产生安全隐患。

» 施工要求

（1）各类物料应分类摆放，线缆应捆绑、摆放整齐；

（2）线缆、管材等存放点禁止有钢铁、石块等坚硬物体，防止划伤、割伤；

（3）接地扁铁、电缆施工间距必须按规范要求施工。

7. 防腐管存放无防护措施

》风险分析

（1）石块等坚硬物容易造成防腐层破损，使用寿命降低，且影响防腐效果；

（2）管材随意摆放，容易造成人员踩踏，车辆碰撞，造成管道防腐层损伤或滚管伤人。

》标准规范

SY/T 4204—2019《石油天然气建设工程施工质量验收规范 油气田集输管道工程》

4.2.3 防腐管应同向分层堆放，每层防腐管之间应垫放软质材料，且应有防垮塌措施。

二、土建施工问题

1. 毛石砌筑方式错误

» **风险分析**

（1）石块采取挖沟机堆砌、非人工砌筑，砌筑灰缝不饱满，后期墙体不稳固，容易塌陷；

（2）墙体内部、下部未能砌实，容易造成漏水，墙体裂缝。

» **标准规范**

GB 50203—2011《砌体结构工程施工质量验收规范》

7.1.6 毛石砌筑时，对石块间存在较大的缝隙，应先向缝内填灌砂浆并捣实，然后再用小石块嵌填，不得先填小石块后填灌砂浆，石块间不得出现无砂浆相互接触现象。

2. 二次浇注未捣实未支模

» 风险分析

未支模，混凝土无法浇筑捣实，会导致设备基础底部悬空，影响设备基础稳定性，给后期运行留下隐患。

» 标准规范

GB 50231—2009《机械设备安装工程施工及验收通用规范》

4.3.4 灌浆前应敷设外模板。外模板至设备底座外缘的间距不宜小于 60mm；模板拆除后，表面应进行抹面处理。

4.3.5 当机械设备底座下不需全部灌浆，且灌浆层需承受设备负荷时，应设置内模板。

3. 挡土墙泄水管墙背缺少疏水反滤层

» 风险分析

缺少疏水反滤层，墙背积水淤积，泄水管排水受阻，易造成挡土墙坍塌。

» 标准规范

GB 50202—2018《建筑地基基础工程施工质量验收标准》

10.3.2 施工中应进行验槽，并检验墙背填筑的分层厚度、压实系数、挡土墙埋置深度，基础宽度、排水系统、泄水孔（沟）、反滤层材料级配及位置。

4. 钻前场地回填土含水率高、压实度不达标

» 风险分析

场地回填土含水率超标，碾压时会出现弹簧土现象，工程竣工后存在混凝土场地开裂、塌陷现象。

» 标准规范

GB 50209—2010《建筑地面工程施工质量验收标准》

4.2.4 填土时应为最优含水量。重大工程或大面积的地面填土前，应取土样，按击实试验确定最优含水量与相应的最大干密度。

SY/T 4210—2017《石油天然气建设工程施工质量验收规范 道路工程》

5.1.2 填方路基不同性质的土不应混填，严禁有翻浆、弹簧现象。

5.1.5 路基压实度应分层检测，路基其他检查项目均应在路基顶面进行检查评定。

5. 井架基础片石未排砌且未灌注水泥砂浆

» 风险分析

场地片石之间未排砌未灌注砂浆，毛石大面未与地面接触，挖掘机械随机堆砌，片石垫层承载力下降，会造成钻台混凝土场地下沉、断裂。

» 标准规范

GB 50203—2011《砌体结构工程施工质量验收规范》
7.2.1　石材及砂浆强度等级必须符合设计要求。
7.2.2　砌体灰缝的砂浆饱满度不应小于 80%。

» 施工图纸设计要求

钻台场地基础加深部分，采取片石排砌方式，大面朝下，分排搭砌，每层砌筑后灌注水泥砂浆找平。

6. 场地水稳层表面未压实、离析、开裂

» 风险分析

场地水稳层集料配比、压实度、养生期与设计不符，会造成钻前混凝土场地大面积开裂、下沉。

» 标准规范

SY/T 4210—2017《石油天然气建设工程施工质量验收规范　道路工程》

26.1.6　水泥稳定粒料基层和底基层工程检验批质量验收记录应符合 SY/T 4210—2017 中表 B.0.30 的规定。

26.3.2　碾压后不应有明显轮迹，表面应平整密实，不应有坑洼和明显离析。

» 施工图纸设计要求

钻台场地水泥稳定碎石：

（1）重量配合比：水泥 5%，沙 19%，碎石 76%；

（2）压实度：集料应确定最佳含水率，压实度应大于 94%；

（3）碎石：无侧限抗压强度 5MPa。

7. 场地水稳层厚度超标，混凝土厚度减薄

» 风险分析

混凝土场地抗压、抗剪切强度降低，投用后存在钻前混凝土场地大面积开裂、下沉。

» 标准规范

SY/T 4210—2017《石油天然气建设工程施工质量验收规范 道路工程》

26.2.3 水泥稳定粒料的强度、厚度等质量要求、检验数量和检验方法应符合 SY/T 4210—2017 中表 26.2.3 的规定。压实度应符合设计要求。

8. 混凝土涵管强度低、观感差、无检测报告

》风险分析

道路穿越混凝土涵管强度低，道路通行后易断裂，引起雨排堵塞、道路中断或交通事故。

》标准规范

SY/T 4210—2017《石油天然气建设工程施工质量验收规范　道路工程》

15.2.1　管径、长度、壁厚、排水管强度、外观质量应符合设计要求。

检查数量：每种管径每一生产厂家钢筋混凝土管至少应抽检 1 次。

检验方法：尺量、观察检查和检查出厂合格证。

9. 堡坎石块内部无砂浆

» 风险分析

（1）石块不稳定，容易造成后期塌方，引发滑坡等异常情况；

（2）石块容易松动，容易滚落，造成堡坎使用周期缩短，或石块滚落砸伤巡检人员。

» 标准规范

GB 50203—2011《砌体结构工程施工质量验收规范》

7.2.2　砌体灰缝的砂浆饱满度不应小于80%。

10. 水罐基础混凝土浇筑未振捣平整

» 风险分析

（1）基础不平整容易造成设备安装不稳固，造成设备晃动和设备损坏；

（2）基础不平整会造成设备底部受力不均匀，容易造成设备底部局部开裂。

» 标准规范

GB 50204—2015《混凝土结构工程施工质量验收规范》

8.2.2 现浇结构的外观质量不应有一般缺陷（露筋、蜂窝、孔洞、夹渣、疏松、裂缝等）。

8.3.1 现浇结构不应有影响结构性能或使用功能的尺寸缺陷；混凝土设备基础不应有影响结构性能和设备安装的尺寸偏差。

11. 混凝土浇筑不密实

» 风险分析

（1）应急池浇筑缺陷会导致混凝土强度降低，影响混凝土使用寿命和功能，并出现池体渗漏；

（2）设备混凝土浇筑不密实则影响基础的抗压性和稳固性，造成后期基础塌陷、设备停运等隐患。

» 标准规范

GB 50204—2015《混凝土结构工程施工质量验收规范》

8.2.2 现浇结构的外观质量不应有一般缺陷（露筋、蜂窝、孔洞、夹渣、疏松、裂缝等）。

8.3.1 现浇结构不应有影响结构性能或使用功能的尺寸缺陷；混凝土设备基础不应有影响结构性能或设备安装的尺寸偏差。

12. 压缩机基础钢筋绑扎，缺少保护层

» 安全知识

钢筋保护层厚度会影响钢筋混凝土的耐久性、安全性、防火性能，不能满足钢筋混凝土的粘结锚固性需要，发挥其所需的强度，会因保护层太薄而过早生锈，从而破坏构件整体性能。

» 标准规范

GB 50204—2015《混凝土结构工程施工质量验收规范》

5.5.3 受力钢筋保护层厚度的合格点率应达到 90% 及以上。且不得有超过 GB 50204—2015 表 5.5.3 中数值 1.5 倍的尺寸偏差。

三、设备安装问题

1. 垫铁安装不平稳，垫铁外露超过 3cm

» **风险分析**

垫铁放置不稳固，容易造成设备安装不平稳，造成设备后期晃动，引发刺漏、泄漏。

» **标准规范**

GB 50231—2009《机械设备安装工程施工及验收通用规范》

4.2.4 每一垫铁组应放置整齐平稳，并接触良好。机械设备调平后，每组垫铁均应压紧，并应用手锤逐组轻击听音检查。

4.2.5 机械设备调平后，垫铁端面应露出设备底面外缘；平垫铁宜露出 10~30mm。垫铁组伸入设备底座底面的长度应超过设备地脚螺栓的中心。

2. 接地扁铁埋深不足 0.7m

» 常见同类问题

（1）扁铁搭接长度不足宽度的两倍；
（2）未使用 M12 螺栓紧固或搭接面有缝隙；
（3）与设备本体或接地网连接未满焊搭接；
（4）接地螺栓未朝向外侧或朝上，或螺栓无垫片。

» 标准规范

Q/SY 05268—2017《油气管道防雷防静电与接地技术规范》
4.6.5 接地装置埋没深度不应小于室外地坪下 0.7m，且宜埋设于冻土层以下。

3. 施工中断，设备管道接口未封闭

» 风险分析

（1）容易造成杂物、沙石等进入管道，如未清理干净，则造成堵塞，损坏设备；

（2）雨水进入管道容易造成管道内部锈蚀，影响后期使用。

» 标准规范

GB 50540—2009《石油天然气站内工艺管道工程施工规范》

6.1.5 钢管、管道附件内部应清理干净。安装工作有间断时，应及时封闭管口或阀门出入口。

4. 管线支架底座缺少固定、滑动卡子

» 风险分析

（1）长期使用容易造成法兰、阀门等连接处拉开，引发刺漏、泄漏事件发生；

（2）缺少固定卡容易造成管道震动，造成管道及相关设备设施松动，影响管道、设备使用寿命。

» 标准规范

GB 50540—2009《石油天然气站内工艺管道工程施工规范》

6.4.2.2　管道支、吊架固定后位置应正确，安装应平整、牢固，与管道接触良好。

5.旋风分离器下部检查口无法拆卸

》 **风险分析**

（1）容易因地面积水、潮湿等造成检查口端面锈蚀，且不利于防腐工作开展；

（2）离平台地面较近，无法拆卸，不利于后期检修工作开展，增加后期施工及操作难度。

》 **施工要求**

（1）设备安装前应认真风险分析，防止因安装位置不合理，为后期生产运行埋下隐患；

（2）设备安装期间生产单位后期使用部门要进行严格把关，提前提出整改意见及建议。

6. 管卡型号错误，卡固不牢

» 常见同类问题

（1）管卡与管道接触面无胶皮；

（2）管卡固定螺栓尺寸过小或不顺直，固定不牢固；

（3）管卡固定螺栓镗孔与螺栓大小不匹配。

» 标准规范

GB 50540—2009《石油天然气站内工艺管道工程施工规范》

6.4.2.2 管道支架、托架、吊架、管卡的类型、规格应符合设计要求；管道支、吊架固定后位置应正确，安装应平整、牢固，与管道接触良好。

7. 管廊上无支架

» 风险分析

（1）管道无支架，安装后会因重力、晃动等原因导致管道位移、刺漏；

（2）后期安装支架则不宜操作，且容易造成管道固定不牢、摆动。

» 标准规范

GB 50540—2009《石油天然气站内工艺管道工程施工规范》

6.4.2.2 管道支、吊架安装前要进行标高和坡降放线测量，固定后的支、吊架位置应正确，安装应平整、牢固，与管道接触良好。

8. 分离器、水罐垫铁组与底座焊在一起

》风险分析

垫铁组与设备底座焊接在一起，如后期发生基础下沉、倾斜等时不利于垫铁的调整，和垫铁的加减。

》标准规范

SY/T 4201.3—2019《石油天然气建设工程施工质量验收规范 设备安装工程 第3部分：容器类》

4.3.3 容器找正后，垫铁之间和垫铁与支座之间应均匀接触，垫铁组间应进行焊接固定。

9. 护栏采用点焊方式安装

> **风险分析**

焊接不牢固，长时间锈蚀可能造成焊点开裂，造成安全隐患。

> **标准规范**

GB 4053.3—2009《固定式钢梯及平台安全要求 第3部分：工业防护栏杆及钢平台》

4.5 制造安装

4.5.1 防护栏杆及钢平台应采用焊接连接，焊接要求应符合GB 50205 的规定。当不便焊接时，可用螺栓连接，但应保证设计的结构强度。安装后的防护栏杆及钢平台不应有歪斜、扭曲、变形及其他缺陷。

4.5.2 防护栏杆制造安装工艺应确保所有构件及其连接部分表面光滑，无锐边、尖角、毛刺或其他可能对人员造成伤害或妨碍其通过的外部缺陷。

4.5.3 钢平台和通道不应仅靠自重安装固定。当采用仅靠拉力的固定件时，其工作载荷系数应不小于1.5。设计时应考虑腐蚀和疲劳应力对固定件寿命的影响。

4.5.4 安装后的平台钢梁应平直，铺板应平整，不应有歪斜、翘曲、变形及其他缺陷。

5.1 结构形式

5.1.1 防护栏杆应采用包括扶手（顶部栏杆）、中间栏杆和立柱的结构形式或采用其他等效的结构。

5.1.2 防护栏杆各构件的布置应确保中间栏杆（横杆）与上下构件间形成的空隙间距不大于 500mm。构件设置方式应阻止攀爬。

5.2 栏杆高度

5.2.1 当平台、通道及作业场所距基准面高度小于 2m 时，防护栏杆高度应不低于 900mm。

5.2.2 在距基准面高度大于等于 2m 并小于 20m 的平台、通道及作业场所的防护栏杆高度应不低于 1050mm。

5.2.3 在距基准面高度不小于 20m 的平台、通道及作业场所的防护栏杆高度应不低于 1200mm。

5.3 扶手

5.3.1 扶手的设计应允许手能连续滑动。扶手末端应以曲折端结束，可转向支撑墙，或转向中间栏杆，或转向立柱，或布置成避免扶手末端突出结构。

5.3.2 扶手宜采用钢管，外径应不小于 30mm，不大于 50mm。采用非圆形截面的扶手，截面外接圆直径应不大于 57mm，圆角半径不小于 3mm。

5.3.3 扶手后应有不小于 75mm 的净空间，以便于手握。

5.4 中间栏杆

5.4.1 在扶手和踢脚板之间，应至少设置一道中间栏杆。

5.4.2 中间栏杆宜采用不小于 25mm×4mm 扁钢或直径 16mm 的圆钢。中间栏杆与上、下方构件的空隙间距应不大于 500mm。

5.5 立柱

5.5.1 防护栏杆端部应设置立柱或确保与建筑物或其他固定结构牢固连接，立柱间距应不大于 1000mm。

5.5.2 立柱不应在踢脚板上安装，除非踢脚板为承载的构件。

5.5.3 立柱宜采用不小于 50mm×50mm×4mm 角钢或外径 30mm～50mm 钢管。

5.6 踢脚板

5.6.1 踢脚板顶部在平台地面之上高度应不小于 100mm，其底部距地面应不大于 10mm。踢脚板宜采用不小于 100mm×2mm 的钢板制造。

5.6.2 在室内的平台、通道或地面，如果没有排水或排除有害液体要求，踢脚板下端可不留空隙。

10. 防爆接线盒螺栓缺失、胶圈外漏

风险分析

容易造成防爆接线盒密封胶圈风化、内部元件锈蚀，影响密封防爆效果。

防爆电器安装注意事项

（1）防爆合格证、铭牌必须齐全有效；

（2）闲置通线孔必须使用专用钢制堵头封堵；

（3）紧固螺栓必须使用防脱垫片、平垫片，必须紧固连接，不能缺失，不能使用不同标准或非标准螺栓；

（4）进线、出线必须使用适用规格密封胶圈，不得一孔多线（一孔多线时使用专用多孔胶圈）。

11. 其他设备安装过程常见问题

四、防腐、焊接问题

1. 焊缝高度超过 3mm，且无编号

>> **风险分析**

容易导致接头强度降低、增加腐蚀风险等。

>> **标准规范**

GB 50819—2013《油气田集输管道施工规范》

9.1.5　焊口应有标识，且应具有可追溯性。

9.5.1　应符合下列要求：

1　焊缝表面不得有裂纹、气孔、凹陷、夹渣及熔合性飞溅。

2　焊缝宽度每侧应超出坡口 1.0mm～2.0mm。

3　焊缝表面不应低于母材表面，并符合下列要求：

　　1）当采用上向焊时焊缝余高不得超过 3mm；

　　2）当采用下向焊时焊缝余高不得超过 2mm，局部不得超过 3mm，连续长度不得大于 50mm，余高超过 3mm 时，应进行打磨，打磨后应与母材圆滑过渡，但不得伤及母材。

2. 管道组对时端面一侧未打磨除锈

» 其他组对焊接问题

（1）焊接前未清理管道内部泥土等杂物；
（2）管道切割使用气焊切割，未使用机械切割；
（3）钢管对接角度偏差大于3°；
（4）防腐管焊接时两端管口未做保护。

» 标准规范

GB 50819—2013《油气田集输管道施工规范》

8.3.1 管道组对前应清除钢管内的积水、泥土、石块等杂物。应将管端内外20mm范围内的油污、铁锈等清除，直至漏出金属光泽。

SY 4204—2019《石油天然气建设工程施工质量验收规范 油气田集

输管道工程》

5.1.2 管道下料及坡口加工应符合下列规定：

1 钢管下料宜采用机械切割。当采用火焰切割时，切割后应清除切口表面的氧化层或淬硬层。

3 管端坡口应采用机械方法加工，坡口的型式和加工尺寸应按焊接工艺规程中的规定执行。

3. 火焰切割口表面不平整

» 标准规范

SY 4204—2019《石油天然气建设工程施工质量验收规范 油气田集输管道工程》

5.1.2 管道下料及坡口加工应符合下列要求：

1 钢管下料宜采用机械切割。当采用火焰切割时，切割后应清除切口表面的氧化层或淬硬层。

GB 50540—2009《石油天然气站内工艺管道工程施工规范》

5.1.3 钢管切口质量应符合下列要求：

1 切口表面应平整，无裂纹、重皮、毛刺、凹凸、缩口、熔渣、氧化物、铁屑等。

2 切口端面倾斜偏差不应大于钢管外径的1%，且最大不超过3mm。

4.防腐层损伤

» 其他管道防腐层问题

（1）使用补伤胶棒代替补伤片或补伤带补伤；

（2）管道补伤质量未检验；

（3）补伤片粘结密封不严，四周开裂。

» 标准规范

GB 50819—2013《油气田集输管道施工规范》

7.2.1　布管宜采用吊管机、拖车、爬犁等机械运输，不得在地面直接拖管或滚管。

7.2.5　当布管时，防腐管不得直接置于坚硬地面或石块上，防腐管下应加软质垫层，其高度应满足组装及安全要求。

7.2.6　坡度较大的地带应采取稳固钢管措施，防止钢管滑动。

5. 焊口未补口、补伤，浸泡在水中

» 风险分析

焊口处如不及时进行防腐处理，长期浸泡在水中或受雨水侵蚀容易发生氧化或电化学反应，对管道造成损伤，为后期运行埋下隐患。

» 施工要求

（1）高陡边坡段管沟开挖后应尽快回填，不应过久暴露，并应防止雨水等浸泡；

（2）焊口处应及时进行防腐处理，防止锈蚀程度加大，对管道造成损伤。

6. 喷漆防腐质量不合格

» 其他喷漆防腐问题

（1）涂底漆前未进行除锈，或除锈不合格；
（2）底漆不平整，存在流挂、流痕等；
（3）底漆未使用防锈漆；
（4）修补涂料与原涂料为不同型号、规格。

» 标准规范

SY/T 7036—2016《石油天然气站场管道及设备外防腐层技术规范》

4.3.4 涂敷完成后应对防腐层进行以下检验：

1 外观检测：所有涂敷层表面应平整、光滑，不应有流挂、漏涂、鼓泡、龟裂、发黏等缺陷存在。

4.4.1 修补使用的涂料类型、防腐层结构和供应商宜与原防腐层相同。修补前应将疏松或有缺陷的防腐层清理干净，搭接范围内防腐层应清洁、干燥。

7. 油漆喷至法兰垫、法兰片上

» 风险分析

（1）法兰面被油漆覆盖会造成密封不严密，容易造成刺漏、泄漏事件发生；

（2）法兰面粘有油漆容易造成接触面粘连，不利于后期检维修拆卸工作的开展。

» 标准规范

GB 50540—2009《石油天然气站内工艺管道工程施工规范》

4.2.7　法兰质量应符合下列要求：

1　法兰密封面应光滑、平整。

五、管道、线缆铺设问题

1. 管道与电缆同沟铺设（间距小于 0.5m）

» 标准规范

GB 50217—2018《电力工程电缆设计标准》

表 5.3.5　电缆与电缆、管道、道路、构筑物等之间允许最小距离（m）

电缆直埋敷设时的配置情况		平行	交叉
控制电缆之间		—	0.5[①]
电力电缆之间或与控制电缆之间	10kV 及以下电力电缆	0.1	0.5[①]
	10kV 以上电力电缆	0.25[②]	0.5[①]
不同部门使用的电缆		0.5[②]	0.5[①]
电缆与地下管沟	热力管沟	2.0[③]	0.5[①]
	油管或易（可）燃气管道	1.0	0.5[①]
	其他管道	0.5	0.5[①]
电缆与铁路	非直流电气化铁路路轨	3.0	1.0
	直流电气化铁路路轨	10	1.0

续表

电缆直埋敷设时的配置情况	平行	交叉
电缆与建筑物基础	0.6[③]	—
电缆与道路边	1.0[③]	—
电缆与排水沟	1.0[③]	—
电缆与树木的主干	0.7	—
电缆与1kV及以下架空线电杆	1.0[③]	—
电缆与1kV以上架空线杆塔基础	4.0[③]	—

注：① 用隔板分隔或电缆穿管时不得小于0.25m；
　　② 用隔板分隔或电缆穿管时不得小于0.1m；
　　③ 特殊情况时，减少值不得大于50%。

2. 管道铺设间距小于 0.5m

» 标准规范

GB 50251—2015《输气管道工程设计规范》

4.4.1 并行敷设的管道应统筹规划、合理布局及共用公用设施，先建管道应为后建管道的建设和运行管理创造条件。

4.4.2 不受地形、地物或规划限制地段的并行管道，最小净距不应小于 6m。

4.4.3 受地形、地物或规划限制地段的并行管道，采取安全措施后净距可小于 6m，同期建设时可同沟敷设，同沟敷设的并行管段，间距应满足施工及维护需求且最小净距不应小于 0.5m。

4.4.4 穿越段的并行管道，应根据建设时机和影响因素综合分析确定间距。共用隧道、跨越管桥及涵洞设施的并行管道，净距不应小于 0.5m。

4.4.5 石方地段不同期建设的并行管道，后期建管道采用爆破开挖管沟时，并行间距宜大于 20m 且应控制爆破参数。

3. 进出站管道在穿墙处未封堵

» 标准规范

GB 50819—2013《油气田集输管道施工规范》

15.1.4 管道穿越阀室墙体或基础时应加套管,并应将套管的缝隙按设计要求封堵严密。

4. 石方段布管下部未垫软质垫层

» 风险分析

（1）硬质石块与管段直接接触，在布管过程会造成防腐层破损，影响防腐效果；

（2）后期如受土层、外力挤压及管线弹性震动硬质石块会挤破管道，造成泄漏。

» 标准规范

GB 50819—2013《油气田集输管道施工规范》

7.2.5 当布管时，防腐管不得直接置于坚硬地面和石块上。防腐管下应加软质垫层，其高度应满足组装及安全要求。

5. 气田水高压柔性复合水管返弯打褶

» 风险分析

高压柔性复合水管返弯打褶，会引起管道耐压强度降低或管材损坏，影响系统运行。

» 标准规范

SY/T 6662.2—2020《石油天然气工业用非金属复合管 第2部分：柔性复合高压输送管》

H.2 管沟内复合管安装

H.2.1 复合管的弯曲应不小于最小工作弯曲半径。

H.2.4 复合管在管沟内应按蛇形分布，以此来吸收因热胀冷缩产生的变形。

SY/T 6769.4—2012《非金属管道设计、施工及验收规范 第4部分：钢骨架增强塑料复合连续管》

8.4.1 连续管布管宜在管沟开挖后进行，布管放线应缓慢平稳，且应防止管线脱落打褶。

8.4.2 布管时，应注意保护连续管外表面，可采用滚轮托架或其他方式。

8.4.3 布管牵引放线时，拉力不应大于16kN。

6. 防腐管道补伤片、补口片粘贴不牢固翘边

» 风险分析

管道表面与水接触产生腐蚀，降低管道寿命；对管道阴极保护运行带来影响。

» 标准规范

GB/T 23257—2017《埋地钢质管道聚乙烯防腐层》

9.5.2 对于小于或等于30mm的损伤，可采用辐射交联聚乙烯补伤片修补。

9.5.4 对于大于30mm的损伤，可按照9.5.2的规定贴补伤片，然后在修补处包裹一条热收缩带。

9.5.6 补伤质量应检验外观、漏点及剥离强度等三项内容。补伤片四周应粘结密封良好，不合格的应重补。

7. 管道内部有石块、泥沙，通球吹扫不到位

» 风险分析

管道内可能有施工遗留下的石块、焊渣、焊条、铁锈等杂物，在气流冲击下与管壁相撞可能产生火花、发生事故；同时磨损管材，降低管道使用寿命。

» 标准规范

GB 50819—2013《油气田集输管道施工规范》

13.1.1　油气集输管道安装结束后，施工单位应按设计要求编制清管试压方案，报监理单位批准后方可进行清管、强度和严密性试验。

13.2.3　管道试压前，应采用清管球（器）进行清管，清管次数不应少于两次，以开口端不再排出杂物为合格。

8. 接地扁铁与电缆同沟铺设

» 风险分析

（1）接地扁铁容易磨损电缆外层，造成电缆芯外漏，易使扁铁导电，造成设备设施带电；

（2）电缆缠绕在扁铁上会引发电磁感应，使扁铁和电缆发热，造成绝缘层破损，引发短路。

» 标准规范

GB 50217—2018《电力工程电缆设计标准》

5.1.1　电缆的路径选择应符合下列规定：

1　应避免电缆遭受机械性外力、过热、腐蚀等危害；
2　满足安全要求条件下，应保证电缆路径最短；
3　应便于敷设、维护；
4　宜避开将要挖掘施工的地方；
5　充油电缆线路通过起伏地形时，应保证供油装置合理配置。

9. 井口采气树出口管道焊口渗漏

» 风险分析

（1）采气树工艺管道渗漏，影响采气平台正常生产运行，平台需要停产动火作业补漏，增加生产成本；

（2）渗漏严重可能引起环境危害和安全生产事故。

» 标准规范

GB 50540—2009《石油天然气站内工艺管道工程施工规范》

7.4.1　管道对接焊接和角焊缝应进行 100% 的外观检查。

7.4.2　焊缝外观检查合格后方允许对其进行无损检测。

9.3.1　架空管道应在管道支吊架安装完毕并检验合格后进行强度和严密性试验。

第二节　标准文明施工

图片列举了一些常见标准化质量管理典型做法。

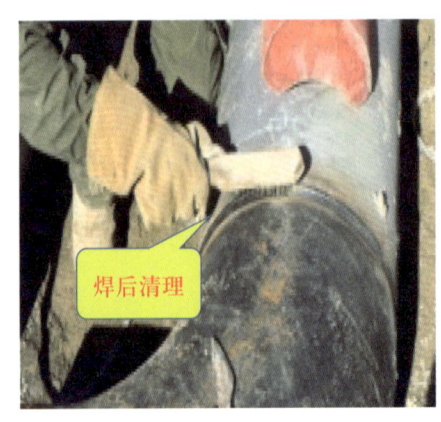

坡口角度检查

组对间隙检查

焊缝宽度检查

焊缝高度检查

焊后清理

样板公示

焊接样板

第二章 地面工程质量

表面平整度检查

垂直度检查

土槽开挖

基础边角防护

现场警戒

主动防护网

105

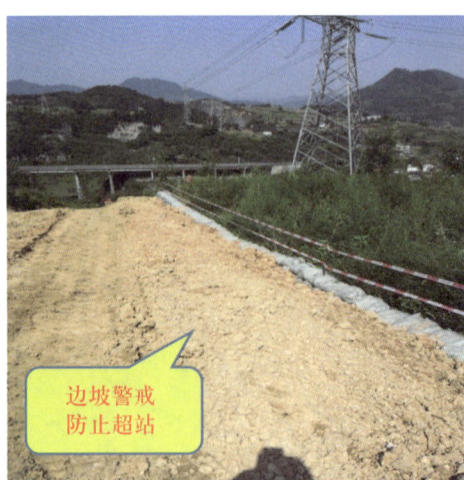

钢筋材料规范堆放	钢筋定位块
土建基槽开挖	基础质量检测
边坡警戒防止超站	高陡坡段通道搭设

第二章 地面工程质量

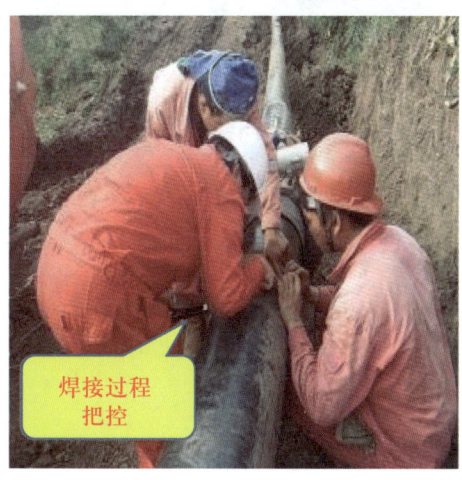

智慧工地
门禁管理

视频监控
过程监控

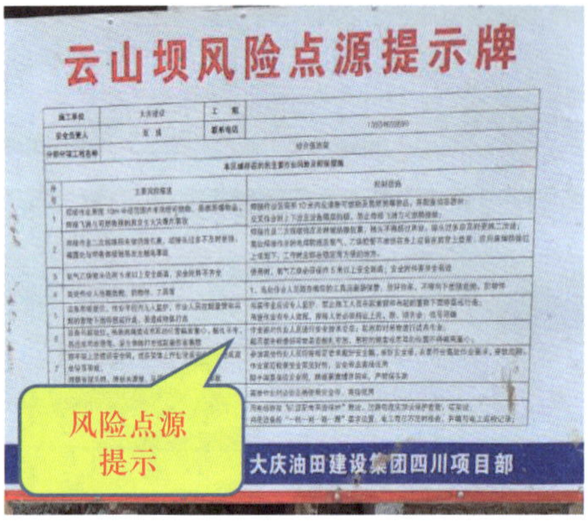
云山坝风险点源提示牌
风险点源
提示
大庆油田建设集团四川项目部

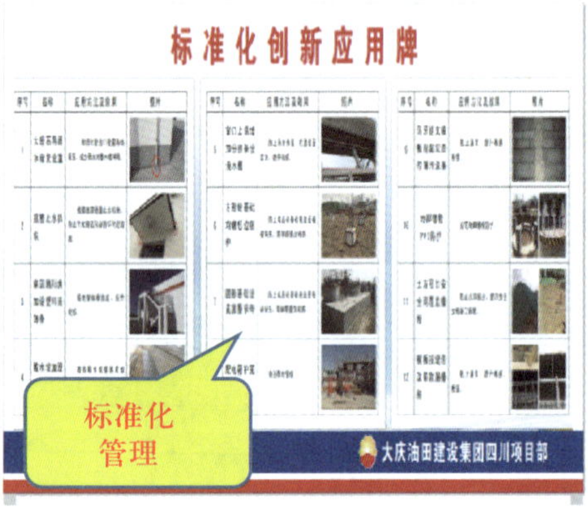
标准化创新应用牌
标准化
管理
大庆油田建设集团四川项目部

标准化施工、样板化管理过程展示牌
效果图
现场图片
技术交底粘贴处
样板化管理
大庆油田建设集团四川项目部

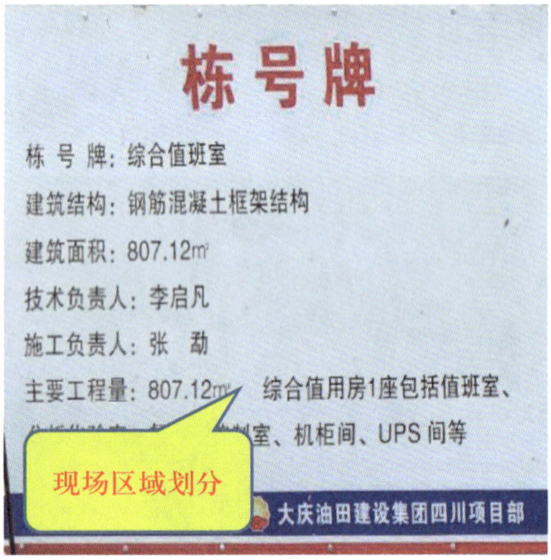
栋号牌
栋号牌：综合值班室
建筑结构：钢筋混凝土框架结构
建筑面积：807.12㎡
技术负责人：李启凡
施工负责人：张　勐
主要工程量：807.12㎡　综合值用房1座包括值班室、
室、机柜间、UPS 间等
现场区域划分
大庆油田建设集团四川项目部

第三节　地面工程建设预警

一、开工准备

（1）严格按照标准对施工、监理、检测等单位合规性资料、人员配备及资质、机具设备配备及检测情况进行审核把关，并进行过程抽查验证，要求承包商人员、机具设备发生变化时及时进行变更并报审；

（2）按照时间节点组织召开各类工地会，建设单位要组织各相关方进行安全技术交底并留有记录；

（3）做好施工现场周边警戒隔离设置门禁，材料区、加工区、人员休息办公区等分区明确，进场道路铺设平整，现场施工组织结构图、项目进度表等标准化目视标识按要求设置。

二、管道建设

1. 扫线开挖

（1）提前与当地政府部门确认管道沿线电缆、光纤、管道等地下设施，做好标识，制订防控措施；

（2）道路、村庄等有人员活动区域上方作业时，设置隔离带及警示标识，挖机作业时禁止人员在作业点下方活动，防止滚石伤人；

（3）坡度较大时对土层情况进行风险评估，确定开挖路线安全可靠，防止挖机侧翻；

（4）人员进入沟、坑内作业前对沟壁土层进行检查、风险评估，坡度较大时管沟内设置防滑措施，土层松动部位需加设防护措施，必要时使用防护网、挡土墙等有效的阻挡物或其他限制设备来防止物料落入管沟内，且防护网等必须固定牢固；

（5）设置逃生梯、坡口等逃生通道，作业过程中禁止在坑沟内休息，不得在挖机作业半径内或管沟边沿站立、走动，禁止人员在挖机等机械设备作业下方向同时作业；

（6）在道路上方作业时在道路前后设置警示标识，注意观察过往车辆及行人，当心落石伤人。

2. 吊管布管

（1）挖机吊装管材时禁止单线吊装、禁止使用物体插入管材内部直接吊装、禁止使用自制或未经检验合格的吊索具，吊装前检查挖机吊绳系挂点是否牢固且执行试吊程序，吊装过程必须使用双牵引绳控制吊物摆动，牵引绳长度必须符合现场施工环境要求；

（2）现场监护人员对作业过程全程监护，管材未落地前，禁止人员站于沟壁与管材夹缝之间手推管材，防止发生夹伤、挤压事故事件，发现不安全现象、异常状况应及时叫停作业；

（3）组对管材时禁止人员站至管材端口，必须站至两侧进行调整；

（4）沟内管材必须设置防滑、防滚措施，防止意外滑脱；

（5）吊管、布管过程中做好管道防护措施，禁止野蛮施工造成防腐层破损，管道存储、铺设时提前做好细土保护措施，防止硬质石块等损伤管道；

（6）布管后及时检查管道表面有无划痕等机械损伤，做好补伤措施，补伤棒、补伤片的使用符合标准技术规范，且粘贴牢固；

（7）管道、线缆铺设时管道与管道、管道与线缆、管道与沟壁之间安全距离必须符合设计规范，防止为后期生产运行埋下隐患。

3. 焊接防腐

（1）现场负责人必须提前确认作业点沟壁稳固情况，必要时设置防护箱、防护网等隔离措施，防止坍塌、滚石等事故发生；

（2）焊接、施工作业人员必须劳保齐全，沟内积水时必须排空积水再进行焊接，并落实防触电措施；

（3）禁止将工器具摆放在管沟边沿，递送工器具、物料时禁止投掷；

（4）禁止在沟内掩埋、焚烧废弃物，防止发生环保事件及山林火灾事故；

（5）组对焊接前必须对管道内外部进行清理，外部打磨除锈不小于20mm，且切口处必须平整光滑；

（6）监理单位、检测单位必须对焊接及防腐质量严格把关，所有焊缝必须标识明确、具有可追溯性并留有影像资料，检测完成后及时对焊口进行防腐处理。

4. 回填水保

（1）回填时严格按照小回填、大回填要求落实细土保护工作，禁止硬质石块等与管道线缆直接接触；

（2）爬坡段管道，按照设计要求做好支撑固定措施，爬坡段线缆采用"S"形铺设，防止后期土层沉降造成管道线缆拉伤；

（3）回填结束后及时落实堡坎、护坡等防护措施，防止新回填土发生滑坡、塌方，造成管道损伤；

（4）及时落实管道标识桩、编号等措施，以便巡检人员进行隐患排查。

5. 河道穿越

（1）建设单位必须提前与上游河道部门沟通，发生泄洪、水位上涨等情况及时通知现场人员撤离，并落实防控措施；

（2）现场必须配备救生衣、绳索等救援设施，并指派有救援能力人员成立应急小组，应对突发情况；

（3）落实柴油机、柴油罐等含油设备设施防雨、防渗、围堰等防污染措施，现场生活、工业垃圾必须定点存放，禁止油污、垃圾流入河道；

（4）暴雨天气人员必须撤离至安全区域，禁止冒险施工；

（5）河道内管道保护涵沙石配比、尺寸、深度位置等必须符合设计要求。

6. "V"形沟作业

（1）"V"形沟等坡度较大管沟内作业必须设置生命线、安全绳或架设作业平台等方式进行作业，并对其承载能力进行验证；

（2）作业人员使用安全带必须检测合格、完好可用，并能够正确使用，在有坠落风险时必须使用全身式安全带；

（3）作业点上方、下方安全区域必须有专人监护，沟内作业时禁止上方施工、下方站人；

（4）对作业人员身体状况及时掌握，禁止晕高或身体异常人员从事"V"形沟作业；

（5）"V"形沟处管道保护涵砌筑必须牢固可靠，上部必须充分考虑雨水冲刷造成滑坡、塌方的风险，按照设计要求设置排水分流通道。

7. 应急工作

（1）配备对讲机、扩音器等通信设备，使用机械开挖、布管、吊管等作业时应有专人指挥，保持通信畅通，无关作业人员撤离至安全区域，防止视野盲区发生意外情况；

（2）配备担架、急救箱、救援绳、逃生梯等救援设备设施，发生意外情况请勿盲目施救，防止发生次生事故；

（3）严密关注天气变化情况，雷雨天气前，现场负责人必须提前组织所有作业人员撤离至安全区域，并核对人数；

（4）雨后、地震后复工时先由现场负责人、施工监理对作业环境重新进行评估，确认安全后方可施工。

8. 施工过程管理

（1）现场监护人员配置必须满足施工要求，禁止作业无人监护或一人多点监护，监护人员必须严格履职，对作业过程全程监护，发现意外情况及时叫停作业，落实安全措施；

（2）参建单位项目部必须定期对所辖施工段施工情况进行巡回监督，检查物资配备及防控措施落实情况，发现较大级以上隐患必须通知建设单位共同制订防控措施；

（3）建设单位必须对承包商项目部总包管理职责和施工监理职责履行情况进行检查，并对现场施工与设计符合性进行监督验证；

（4）建设单位要做好施工过程监督，督导承包商及业务科室针对施工风险制订并落实防控措施，并组织做好事故案例警示教育工作；

（5）业务部门要做好到货质量抽查验证工作，严把材料质量关，确保施工用料符合设计要求；

（6）施工项目发生变更时严格执行变更管理要求，落实风险评估、防控措施制订和备案工作；

（7）业务主管、安全主管领导干部要高度重视安全环保、质量管理工作，监督各业务人员严格履职，并定期现场视察、验证风险防控工作落实情况。

三、场站建设

1. 土建施工

（1）挖机开挖、土方转运过程，现场监护人严格履职，禁止施工人员随意在场内走动，防止发生视野盲区机械伤人事故；

（2）土方开挖过程做好风险识别，挖机作业范围禁止人员靠近，防止发生坍塌、滑坡等意外情况；

（3）现场水池、坑洞等必须进行有效的警戒隔离，防止人员、车辆意外调入；

（4）道路铺设、场坪建设所用沙石、混凝土、灰土等必须符合设计要求且经过检验合格，施工过程及时按照时间节点等进行含水率、硬度检验，检验合格证明必须放置于现场；

（5）现场材料存放、混凝土搅拌、钢材加工、木料加工等区域必须进行分区管理且界限明确；

（6）混凝土及钢筋等必须进行硬度和强度试验合格，浇筑前支模平整，浇筑过程捣鼓充实，表面进行水平测量，边角进行防撞保护，预埋螺栓等深度必须符合设计要求且必须顺直；

（7）设备基础必须进行正确养护，防止养护不到位造成裂缝等质量问题，如出现质量隐患必须由建设单位组织验证，禁止进行表面涂盖隐藏。

2. 设备安装

（1）所有设备设施开箱证明及合格证等资料必须规范保存，建设单位要对到货物资质量进行严格把关；

（2）安装过程法兰、阀门、管材、螺栓等构件必须规范保存，做好上铺下盖工作，防止雨水、风沙等造成损伤和锈蚀；

（3）现场监理要对设备安装过程进行严格把关，发现问题及时纠正，对于普遍存在的问题及时告知建设单位制订整改措施；

（4）生产单位要对安装过程进行跟踪，根据已投运场站存在问题对安装过程进行督查，防止后期交付后同类问题重复整改；

（5）对于安装暂停阶段的设备设施开口、孔洞处要及时进行防护，防止雨水、沙石等进入设备内部造成损伤。

3. 隐蔽工程

（1）接地网、线缆、管道等设施隐蔽前，必须由建设单位进行验收合格后再进行隐蔽，且隐蔽前对隐蔽设施进行影像保存，方便后期管理；

（2）对于防爆电器等电气设备安装，必须由专业人员对施工过程进行监管，防止安装不合格造成防爆失效；

（3）地下管道、线缆等必须标识明确，铺设整齐，隐蔽后及时在地面做出走向和深度标识；

（4）严格落实小回填及关键部位保护涵等防护措施，防止后期隐蔽设施受外力挤压变形导致刺漏、漏电等意外情况发生。

第三章

违章隐患图册

第一节　特殊非常规作业

一、吊装作业

1. 钢丝绳缠绕

>> **风险分析**

（1）吊物不平衡，容易旋转或摆动伤人；
（2）吊绳受力不均，易造成吊绳绷断。

>> **标准规范**

油气新能源〔2023〕268号《油气和新能源分公司作业许可管理办法》

吊装作业

第五条　作业前准备

（三）吊装作业指挥人员应遵守以下要求：

3.吊物捆绑、紧固、吊挂不牢，吊挂不平衡，索具打结，索具不齐，斜拉重物，棱角吊物与钢丝绳之间无衬垫的，不应指挥起吊。

2. 吊车支腿未伸出

» 风险分析

吊车不平稳，吊装过程容易造成吊车侧翻。

标准规范

GB/T 50484—2019《石油化工建设工程施工安全技术标准》

5.4.5 汽车式起重机，作业前，支腿应全部伸出，并在支撑板下垫好方木或路基箱器。

3. 吊车支腿未垫枕木

» 风险分析

（1）吊车容易受力不均，发生侧翻；
（2）如地下存在孔洞，会造成吊物晃动、吊车侧翻。

» 标准规范

DL/T 5250—2010《汽车起重机安全操作规程》

4.3.2　按顺序伸展支腿，在支腿座下铺垫垫块，调节支腿使起重机呈水平状态，其倾斜度满足设备技术文件规定，并使轮胎脱离地面。

4. 吊车支腿不平稳

» 风险分析

吊车不平稳，吊装过程容易造成吊车侧翻。

» 标准规范

Q/SY 08248—2018《移动式起重机吊装作业安全管理规范》
表 F.2　起吊前检查
3　起重机及人员：支腿处地面是否平整、坚实。

5. 人员在吊物下作业

» 风险分析

如吊物坠落，容易发生人员伤亡事故。

» 标准规范

Q/SY 08248—2018《移动式起重机吊装作业安全管理规范》

5.4.3.7 任何人员不得在悬挂的货物下工作、站立、行走，不得随同货物或起重机械升降。

6. 门未锁好，吊车司机离开操作室

» 风险分析

（1）容易造成非吊车司机人员进入操作时违规操作；
（2）吊车发生异常时，不能及时处置。

» 标准规范

Q/SY 08248—2018《移动式起重机吊装作业安全管理规范》
5.4.3.8 在下列情况下，起重机司机不得离开操作室：
——货物处于悬吊状态。
——操作手柄未复位。
——手刹未处于制动状态。
——起重机未熄火关闭。
——门锁未锁好。

7. 吊钩防脱钩装置损坏或缺失

» 风险分析

容易发生吊绳滑脱、吊物坠落事故。

» 标准规范

GB/T 50484—2019《石油化工建设工程施工安全技术标准》
5.2.1 葫芦使用前应进行检查，并符合下列规定：
1 转动部分应灵活，无卡链现象；
2 链条无损坏，销子应牢固；
3 吊钩防脱钩装置应良好，制动器有效。

8. 吊物处于悬停状态，司机离开操作室

» 风险分析

（1）容易造成非吊车司机人员进入操作时违规操作；
（2）吊车发生异常时，不能及时处置。

» 标准规范

Q/SY 08248—2018《移动式起重机吊装作业安全管理规范》
5.4.3.8　在下列情况下，起重机司机不得离开操作室：
——货物处于悬吊状态。
——操作手柄未复位。
——手刹未处于制动状态。
——起重机未熄火关闭。
——门锁未锁好。

9. 吊臂旋转半径范围未警戒

» 风险分析

容易发生非工作人员、车辆等进入施工区域,造成误伤。

» 标准规范

Q/SY 08248—2018《移动式起重机吊装作业安全管理规范》

5.4.3.4 起重机吊臂回转范围内应采用警戒带或其他方式隔离,无关人员不得进入该区域内。

10. 吊带破损

» 风险分析

容易断裂造成吊物坠落。

» 标准规范

Q/SY TZ 0363—2017《吊装作业安全管理标准》
附录 D 吊索具报废标准
D.2 吊带
D.2.1 织带（含保护套）严重磨损、穿孔、切口、撕断。
D.2.2 承载接缝绽开、缝线磨断。
D.2.3 吊带纤维软化、老化、弹性变小、强度减弱。
D.2.4 纤维表面粗糙易于剥落。
D.2.5 吊带出现死结。
D.2.6 吊带表面有过多的点状疏松、腐蚀，酸碱烧损及热熔化或烧焦。
D.2.7 带有红色警戒线吊带的警戒线裸露。
D.2.8 绳子或两端绳扣因特殊原因致使拉断。

11. 吊装作业未使用牵引绳

» 风险分析

（1）不方便控制吊物方向，进行吊物的精准摆放；
（2）吊物摆动过程中容易碰伤人员或设备设施。

» 标准规范

Q/SY 08248—2018《移动式起重机吊装作业安全管理规范》

5.4.3.6 操作中起重机应处于水平状态。在操作过程中可通过引绳来控制货物的摆动，禁止将引绳缠绕在身体的任何部位。

二、高处作业

1. 高处作业无防坠落措施

> **风险分析**

发生高处坠落事故。

> **标准规范**

油气新能源〔2023〕268号《油气和新能源分公司作业许可管理办法》

高处作业

第四条　高处作业坠落防护应通过消除坠落危害、坠落预防和坠落控制等措施来实现，否则不得进行高处作业。坠落防护措施的选择优先顺序如下：

（一）尽量选择在地面作业，避免高处作业；
（二）设置固定的楼梯、护栏、屏障和限制系统；
（三）使用工作平台，如脚手架或带升降的工作平台等；

（四）使用区域限制安全带，以避免作业人员的身体靠近高处作业的边缘；

（五）使用坠落保护装备，如配备缓冲装置（按说明书要求高度使用）的全身式安全带和安全绳等；

（六）无锚固点系挂安全带的作业环境，应增加挂点装置或生命线。

2. 错误使用区域限制型安全带

» 风险分析

（1）如发生坠落事故，安全带容易脱落，起不到防护作用；
（2）尾绳的拉力等级，达不到防坠落安全带的标准。

» 标准规范

GB/T 23468—2009《坠落防护装备安全使用规范》

5.2.1.1　如工作平面存在某些可能发生坠落的脆弱表面（如玻璃、薄木板），则不应使用区域限制安全带，而应选择坠落悬挂安全带。

3. 上下无有效隔离措施进行交叉作业

» 风险分析

上部工具、材料掉落容易砸伤下部人员。

» 标准规范

油气新能源〔2023〕268号《油气和新能源分公司作业许可管理办法》

高处作业

第六条 作业前准备

（八）在可能坠落范围半径内，不应进行上下交叉作业，如确需进行交叉作业，中间应设置安全防护层或安全网，坠落高度超过24米的交叉作业，应设双层防护。

4. 作业人员站在人字梯顶端作业

» 风险分析

易发生高处坠落事故。

» 标准规范

油气新能源〔2023〕268号《油气和新能源分公司作业许可管理办法》

高处作业

第六条　作业前准备

3. 使用便携式梯子时，下方应有人扶持；使用人字梯时，上部夹角宜为35°~45°，中间应设置安全绳，工作时只许1人在梯上作业，且上部留有不少于2步空挡，支撑应稳固。

5. 使用现场自制的人字梯作业

》风险分析

梯子稳固性、承载能力未经检验合格，作业过程中容易断裂、倾倒。

》标准规范

Q/SY 08370—2020《便携式梯子使用安全管理规范》

5.1 基本要求

5.1.1 便携式梯子（以下简称"梯子"）的材料、尺寸、强度等应符合 GB/T 17889.1—1999、GB/T 17889.2—1999 等相关要求。

5.1.2 梯子的制作材料可以是玻璃纤维、金属、木材等。

5.1.3 直梯的长度不应超过 6m，延伸梯全程延伸长度不应超过 11m，并应装备限位装置以确保延伸部分与非延伸部分至少有 1m 重叠。便携式梯子示例图参见 Q/SY 08370—2020 的附录 A。

5.1.4 所有人员在使用梯子前，都应接受培训或指导。

5.1.5 严禁使用现场临时制作的梯子。

5.1.6 严禁有眩晕症或因服用药物等可能影响身体平衡的人员使用梯子。

6. 使用竹竿搭设脚手架

» 风险分析

容易发生脚手架倒塌事故。

» 标准规范

Q/SY 08246—2018《脚手架作业安全管理规范》

5.6.1 脚手架材料（如钢管、门架、扣件和脚手板等）应有厂商的生产许可证、检测报告和产品质量合格证。

7. 门式脚手架加强杆未连接

» 风险分析

容易发生脚手架倒塌事故。

» 标准规范

JGJ/T 128—2019《建筑施工门式钢管脚手架安全技术标准》
6.1.3　门式脚手架设置的交叉支撑应与门式立杆上的锁销锁牢。

8. 立杆底部无垫板、底座

» 风险分析

脚手架不平衡，容易发生脚手架倒塌事故。

» 标准规范

JGJ/T 128—2019《建筑施工门式钢管脚手架安全技术标准》

6.1.6 底部门架的立杆下端可设置固定底座或可调底座。

6.1.7 可调底座和可调托座插入门架立杆的长度不应小于150mm，调节螺杆伸出长度不应大于200mm。

9. 脚手架、脚手板的搭设

脚手架无防护栏

作业层脚手板未满铺

脚手板伸出长度不足，且未固定于横杆上

》标准规范

JGJ 130—2011《建筑施工扣件式钢管脚手架安全技术规范》

7.3.12　作业层、斜道的栏杆和挡脚板的搭设应符合下列规定：

1　栏杆和挡脚板均应搭设在外立杆的内侧；

2　上栏杆上皮高度应为 1.2m；

3　挡脚板高度不应小于 180mm；

4　中栏杆应居中设置。

7.3.13　脚手板的铺设应符合下列规定：

1　脚手板应铺满、铺稳，离墙面的距离不大于 150mm；

2　采用对接或搭接时均应符合 JGJ 130—2011 第 6.2.4 条的规定；脚手板探头应用直径 3.2mm 的镀锌钢丝固定在支撑杆件上；

3　在拐角、斜道平台口处的脚手板，应用镀锌钢丝固定在横向水平杆上，防止滑动。

10. 作业人员沿立杆攀爬脚手架

» 风险分析

（1）容易发生高处坠落事故；
（2）容易造成脚手架倒塌。

» 标准规范

Q/SY 08246—2018《脚手架作业安全管理规范》

5.5.4 使用者应通过安全爬梯（斜道）上下脚手架。脚手架横杆不可用作爬梯，除非其按照爬梯设计。

三、动火作业

1. 乙炔气瓶绝缘使用

> **» 风险分析**

乙炔是易燃气体，由于在使用过程中气体与管道摩擦会产生静电，如果放在绝缘垫上，使得静电不能导除，容易发生火灾爆炸事故。

> **» 标准规范**

Q/SY 08365—2021《气瓶使用安全管理规范》

6.8 不应将气瓶与电气设备及电路接触，以免形成电气回路。与气瓶接触的管道和设备要有接地装置，防止产生静电造成燃烧或爆炸。在气、电焊混合作业的场地，要防止氧气瓶带电，如地面是铁板，要垫木板或胶垫加以绝缘。乙炔气瓶不应放在橡胶等绝缘体上。

2. 肩扛气瓶，脚踹气瓶

» 风险分析

容易造成气瓶附件损坏，发生气瓶撞击、爆炸事故。

» 标准规范

Q/SY 08365—2021《气瓶使用安全管理规范》

5.2.3 近距离移动气瓶，应手扶瓶肩转动瓶底。移动距离较远或路面不平时，应使用防滚动小车搬运气瓶。不应采用肩扛、背驮、怀抱、臂挟、脱手滚动、拖拉、托举或二人抬运等危险方式搬运气瓶。

5.2.4 不应用身体搬运高度超过1.5m的气瓶到手推车或专用吊篮等里面，可采用手扶瓶肩转动瓶底的滚动方式。

3. 动火点附近作业

气瓶距离动火点不足 3m

动火点距离管线防腐刷漆点不足 10m

» 风险分析

施工过程焊渣、火星飞溅，容易发生火灾爆炸事故。

» 标准规范

Q/SY 08130.1—2022《工程建设现场安全检查规范 第 1 部分：油田建设》

表 A.3　安全基础管理检查表

氮气瓶和氩气瓶与焊接地点相距 3m 以上,并应直立放置。

表 A.4　高风险作业安全检查表

距离动火点 10m 范围内及动火点下方,不应同时进行可燃溶剂清洗或者喷漆等作业。

4. 气瓶卧放使用，气瓶无防倾倒措施

» 风险分析

气瓶发生泄漏时，反推力下会撞击人员、车辆、设备。

» 标准规范

Q/SY 08365—2021《气瓶使用安全管理规范》

6.6 气瓶应立放使用，不应卧放，并应采取防止倾倒的措施。乙炔气瓶使用前，应先直立 20min 后，然后连接减压阀使用。

5. 气瓶无防震胶圈

» 风险分析

气瓶与地面接触时，瞬间撞击力会造成气瓶爆炸。

» 标准规范

Q/SY 08365—2021《气瓶使用安全管理规范》

4.3 对气瓶的检查主要包括以下方面：

c）气瓶的附件（防震圈、瓶帽、瓶阀、紧急切断阀、安全泄压装置、限充及限流装置）是否齐全、完好。

6. 到期未校验

》风险分析

气瓶承压能力、安全性能得不到保障，使用过程中容易发生爆炸事故。

》标准规范

Q/SY 08365—2021《气瓶使用安全管理规范》

4.4

a）盛装氮、六氟化硫、惰性气体及纯度大于或等于 99.999% 的无腐蚀性高纯气体的气瓶，每 5 年检验 1 次；盛装对瓶体材料能产生腐蚀作用的气体的气瓶、潜水气瓶及常与海水接触的气瓶，每 2 年检验 1 次；盛装其他气体的气瓶，每 3 年检验 1 次；

b）溶解乙炔气瓶，每 3 年检验 1 次。

7. 氧气瓶低压表指针脱落，乙炔瓶压力表损坏

》标准规范

Q/SY 08365—2021《气瓶使用安全管理规范》

6.2 使用气瓶前使用者应对气瓶进行安全状况检查，除按 Q/SY 08365—2021 中 4.3 检查外，还应检查减压器、流量表、软管、回火防止器是否有泄漏、磨损及接头松动等现象，并对盛装气体进行确认。检查不合格的气瓶不应使用。

8. 乙炔气瓶无防回火装置

» 风险分析

容易因回火发生气瓶爆炸事故。

» 标准规范

Q/SY 08365—2021《气瓶使用安全管理规范》

6.13　乙炔气瓶瓶阀出口处应配置专用的减压器和回火防止器。使用减压器时应带有夹紧装置与瓶阀结合。

9. 氧气、乙炔气瓶胶管混用

» 风险分析

(1)胶管承压能力不同,容易发生气体泄漏;
(2)管内残余气体可能发生闪爆。

» 标准规范

GB/T 2550—2016《气体焊接设备 焊接、切割和类似作业用橡胶软管》

10.2 颜色标识

为了标识软管所适用的气体,软管外覆层应按表4的规定进行着色和标志。对于并联软管,每根单独软管应按本标准进行着色和标志。

表 4 软管颜色和气体标识

气体	外覆层颜色和标志
乙炔和其他可燃性气体[a](除 LPG、MPS、天然气、甲烷外)	红色
氧气	蓝色

续表

气体	外覆层颜色和标志
空气、氮气、氩气、二氧化碳	黑色
液化石油气（LPG）和甲基乙炔–丙二烯混合物（MPS）、天然气、甲烷	橙色
除焊剂燃气外（本表中包括的）所有燃气	红色/橙色
焊剂燃气	红色–焊剂
[a] 关于软管对氢气的适用性，应咨询制造商。	

10. 乙炔软管使用铁丝绑扎

» 风险分析

（1）铁丝容易使胶管损坏、造成泄漏；
（2）拆卸过程不易操作；
（3）捆绑过程受力不均。

» 标准规范

Q/SY 08365—2021《气瓶使用安全管理规范》
附录 C　气瓶检查清单
软管连接处是否用管卡固定（不应用铁丝等绑扎）。

11. 使用铁质扳手开启气瓶

》 风险分析

（1）容易损坏瓶阀；
（2）紧急情况下不能及时关闭瓶阀。

》 标准规范

Q/SY 08365—2021《气瓶使用安全管理规范》

6.10 开启或关闭瓶阀时，应用手或专用扳手，不应使用锤子、管钳、长柄螺纹扳手，以防损坏阀件、如果阀门损坏，应将气瓶隔离并及时维修。

12. 焊接作业未戴防护面罩

» 风险分析

容易因焊渣灼伤面部、眼睛，造成人员受伤。

» 标准规范

GB 9448—1999《焊接与切割安全》

4.2.1 眼睛及面部防护

作业人员在观察电弧时，必须使用带有滤光镜的头罩或手持面罩，或佩戴安全镜、护目镜或其他合适的眼镜。辅助人员亦应佩戴类似的眼保护装置。

13. 切割作业人员未佩戴护目镜

» 风险分析

容易因切割过程产生的火星灼伤面部、眼睛，造成人员受伤。

» 标准规范

GB/T 3883.1—2014《手持式、可移式电动工具和园林工具的安全 第1部分：通用要求》

8.14.1.1　电动工具通用安全警告

c）人身安全

2）使用个人防护装置，始终佩戴护目镜。防护装置，诸如适当条件下使用防尘面具，防滑安全鞋，安全帽，听力防护等装置能减少人身伤害。

四、临时用电

1. 防爆区域使用普通插线板

>> **风险分析**

一旦可燃气体泄漏,容易发生火灾爆炸事故。

>> **标准规范**

Q/SY 08835—2021《危险场所在用防爆电气装置检测技术规范》

5.2.2.1 在1区内电缆线路禁止有中间接头,在2区、20区、21区内不应有中间接头。

2. 防爆区域电源线有接头

» 风险分析

一旦可燃气体泄漏，容易发生火灾爆炸事故。

» 标准规范

油气新能源〔2023〕268号《油气和新能源分公司作业许可管理办法》

临时用电

第九条 在经过火灾爆炸危险场所以及存在高温、振动、腐蚀、积水及产生机械损伤等区域，不应有接头，并采取有效的保护措施。

3. 临时用电使用白皮线做电源线

» 标准规范

油气新能源〔2023〕268号《油气和新能源分公司作业许可管理办法》

临时用电

第九条 临时用电线路及设备应有良好的绝缘,线路应采用耐压等级不低于500V的绝缘导线。

» 施工现场临时用电为什么不能使用白皮线?

白皮线,本名为护套线,两根或者三根并列平行的BV电线,在外面再裹一层绝缘胶皮就是护套线。

BV电线:聚氯乙烯绝缘铜芯电线,适用于交流电压450/750V及以下动力装置、日用电器、仪表及电信设备用的电缆电线。

单从耐压等级上来说不能说施工现场临时用电禁止使用白皮线,但白皮线的缺点是:

(1)大部分护套线只有两根线(火线、零线),无PE线,不符合临时用电中 TN-S 接零保护系统要求；

（2）护套线外层胶皮较柔软，施工现场临时用电时移动较为频繁，易破裂、磨损，容易漏电；

（3）护套线绝缘层耐高温性能较电缆相比较差，易燃。

综上所述，施工现场临时用电不能使用护套线，也就是白皮线。白皮线适用于家用移动插板，冰箱或者空调等电器的用电线路。

4. 两条电缆共用一个接线端

» 风险分析

漏电情况下,不能自动切断,易发生人员触电事故。

» 标准规范

油气新能源〔2023〕268号《油气和新能源分公司作业许可管理办法》

临时用电

第四条 作业过程控制

(二)临时用电线路应安装漏电保护器,选型和安装应符合《剩余电流动作保护电器(RCD)的一般要求》(GB/T 6829)、《剩余电流动作保护装置安装和运行》(GB/T 13955)规定;临时用电设施应做到"一机一闸一保护",开关箱和移动式、手持式电动工具应安装符合规范要求的漏电保护器;每次使用前应检查电气装置可靠性,对漏电保护器利用试验按钮测试可靠性。

5. 现场使用三叉接头

» 风险分析

如果单台设备出现故障引起跳闸，会导致多台用电设备的供电中断。

» 标准规范

JGJ 46—2005《施工现场临时用电安全技术规范》

8.1.3　每台用电设备必须有各自专用的开关箱，严禁用同一个开关箱直接控制 2 台及 2 台以上用电设备（含插座）。

6. 在用电焊机旁放置可燃物

» 风险分析

（1）影响电焊机散热，造成焊机过热；
（2）易发生火灾事故。

» 标准规范

GB 50194—2014《建设工程施工现场供用电安全规范》

9.4.1 电焊机应放置在防雨、干燥和通风良好的地方。焊接现场不得有易燃、易爆物品。

7. 电源开关固定在木板上

» 风险分析

木板属于易燃材质，容易发生火灾事故。

» 标准规范

JGJ 46—2005《施工现场临时用电安全技术规范》

8.1.9 配电箱、开关箱内的电器（含插座）应先安装在金属或非木质阻燃绝缘电器安装板上，然后方可整体紧固在配电箱、开关箱箱体内。

8. 电缆穿越公路未做防护

» 风险分析

车辆碾压线缆，容易造成线缆破皮，导体裸露，发生漏电。

» 标准规范

油气新能源〔2023〕268号《油气和新能源分公司作业许可管理办法》
临时用电
第七条　穿越道路或其他易受机械损伤的区域，应采取防机械损伤的措施，周围环境应保持干燥。

9. 电焊机二次线裸露，防护罩脱落

» 风险分析

易发生触电事故。

» 标准规范

GB 50194—2014《建设工程施工现场供用电安全规范》
9.4.3 电焊机的裸露导电部分应装设安全保护罩。

10. 临时用电使用螺纹钢接地

» 风险分析

（1）与土壤接触不紧密，会导致接地电阻的不稳定；
（2）螺纹钢的含碳量较高，导电性能差；
（3）易腐蚀，影响接地效果。

» 标准规范

JGJ 46—2005《施工现场临时用电安全技术规范》

5.3.4　不得采用铝导体做接地体或地下接地线。垂直接地体宜采用角钢、钢管或光面圆钢，不得采用螺纹钢。

五、动土作业

1. 动土作业前未明确埋地电缆走向

>> **风险分析**

容易挖断地下隐蔽线缆、管线。

>> **标准规范**

油气新能源〔2023〕268号《油气和新能源分公司作业许可管理办法》

动土作业

第三条 作业前准备

（二）动土作业前，应由作业区域所在单位组织水、电、气（汽）、通信、工艺、设备、消防等相关单位和部门，对施工区域地质、水文、地下供排水管线、埋地油气管道、埋地电缆、埋地通信线路、测量用的永久性标桩等情况进行现场交底。

2. 挖出物临沟堆放且无防护

> **风险分析**

容易发生滚石伤人、护坡坍塌事故。

> **标准规范**

油气新能源〔2023〕268 号《油气和新能源分公司作业许可管理办法》

动土作业

第四条　作业过程控制

（三）1.使用的材料、挖出的泥土应堆在距坑、槽、井、沟边沿至少 1 米处，堆土高度不应大于 1.5 米，坡度不大于 45°。

3. 基坑未设置上下通道

» 风险分析

（1）人员上下基坑过程容易发生跌伤事故；
（2）发生紧急情况，人员无法快速撤离逃生。

» 标准规范

油气新能源〔2023〕268号《油气和新能源分公司作业许可管理办法》

动土作业

第四条　作业过程控制

（六）深度大于 2 米时，应设置人员上下的梯道等能够保证人员快速进出的设施，梯道的间距不应超过 25 米。

4. 施工区域人员劳保不齐

» 风险分析

容易发生误碰伤事故事件。

» 标准规范

Q/SY 08130.1—2022《工程建设现场安全检查规范》
表 A.2　现场通用管理要求检查表
进入作业现场人员应正确佩戴和使用劳动防护用品。

5. 基坑临边未防护

» 风险分析

容易发生人员跌落、车辆侧翻事故。

» 标准规范

JGJ 80—2016《建筑施工高处作业安全技术规范》

4.1.1 坠落高度基准面 2m 及以上进行临边作业时，应在临空一侧设置防护栏杆，并应采用密目式安全立网或工具式栏板封闭。

6.测量人员在挖掘机半径内作业

» 风险分析

容易发生挖机误碰作业人员事故。

» 标准规范

油气新能源〔2023〕268号《油气和新能源分公司作业许可管理办法》

动土作业

第四条 作业过程控制

(六)动土作业人员在沟(槽、坑)下作业应按规定坡度顺序进行,使用机械挖掘时,人员不应进入机械旋转半径内;多台机械同时作业时,挖掘机间距应大于相邻两台挖掘机旋转半径之和;人工挖基坑(槽)、管沟时,作业人员之间应保持2.5米以上的安全距离。

7. 人员站在挖掘机铲斗内

>> **风险分析**

容易发生挖机误碰作业人员事故。

>> **标准规范**

JGJ 33—2012《建筑机械使用安全技术规程》

5.1.13 行驶或作业中的机械，除驾驶室外的任何地方不得有乘员。

六、管线打开（盲板抽堵）

1. 管线打开（盲板抽堵）作业未上锁挂签

>> **风险分析**

容易因误操作造成作业人员伤亡。

>> **标准规范**

油气新能源〔2023〕268号《油气和新能源分公司作业许可管理办法》

管线打开（盲板抽堵）作业

第四条　作业过程控制

（四）作业区域所在单位和作业单位共同核验盲板抽堵作业点流程的上下游阀门已进行有效隔断并上锁挂签。

173

2. 防爆区域使用非防爆合金盲板

» 风险分析

容易产生静电，发生闪爆事故。

» 标准规范

油气新能源〔2023〕268号《油气和新能源分公司作业许可管理办法》

管线打开（盲板抽堵）作业

第三条　作业前准备

（二）根据管道内介质的性质、温度、压力和管道法兰密封面的口径等选择相应材料、强度、口径和符合设计、制造要求的盲板及垫片，高压盲板使用前应经超声波探伤；盲板选用应符合《管道用钢制插板、垫环、8字盲板系列》（HG/T 21547）或《阀门零部件　高压盲板》（JB/T 2772）的要求，选材应平整、光滑，无裂纹和孔洞。

3. 装卸管道法兰安装螺杆未出头

>> **风险分析**

法兰固定不牢固，高压情况下容易刺漏。

>> **标准规范**

GB 50231—2009《机械设备安装工程施工及验收通用规范》

5.2.1 多只螺栓或螺钉联接同一个装配件紧固时，各螺栓或螺钉应交叉、对称和均匀地拧紧。螺栓头、螺母与被连接件的接触应紧密。螺栓应露出螺母2~3个螺距。每个螺母下面不得用两个相同的垫圈。

第二节 设备设施

一、设备接地

1. 电气设备未接地

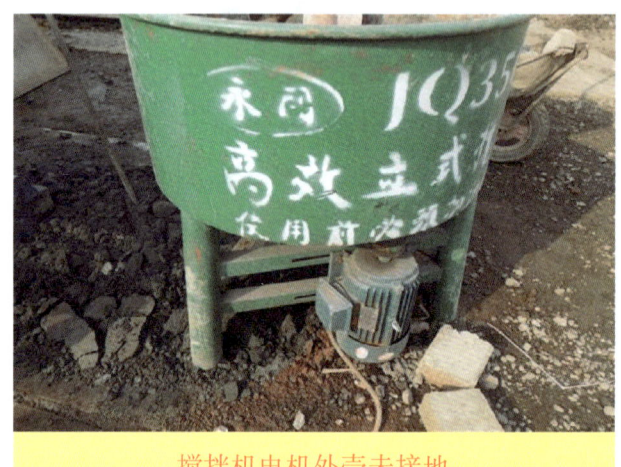

搅拌机电机外壳未接地

搅拌机电机外壳未接地

第三章 违章隐患图册

电焊机未接地

配电柜接地未连接

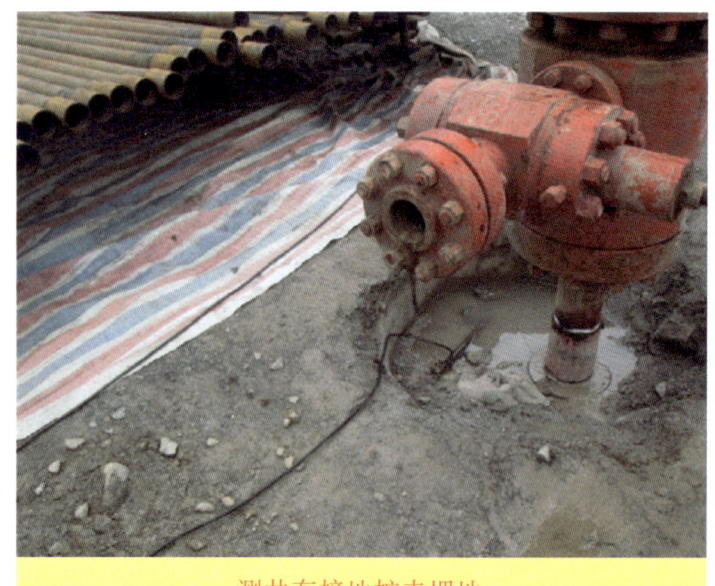

测井车接地桩未埋地

》标准规范

GB 50169—2016《电气装置安装工程　接地装置施工及验收规范》

3.0.4　电气装置的下列金属部分，均必须接地：

1　电气设备的金属底座、框架及外壳和传动装置。

2　携带式或移动式用电器具的金属底座和外壳。

3　箱式变电站的金属箱体。

4　互感器的二次绕组。

5　配电、控制、保护用的屏（柜、箱）及操作台的金属框架和底座。

6　电力电缆的金属护层、接头盒、终端头和金属保护管及二次电缆的屏蔽层。

7　电缆桥架、支架和井架。

8　变电站（换流站）构、支架。

9　装有架空地线或电气设备的电力线路杆塔。

10　配电装置的金属遮栏。

11　电热设备的金属外壳。

2. 录井房接地线与接地桩用胶布固定

》 知识分享

接地体要求：

（1）扁钢≥40mm×4mm、角钢≥50mm×5mm、钢管≥ϕ50mm×3.5mm、圆钢≥ϕ14。

（2）接地体的埋设深度不应小于0.8m，且必须在大地冻土层以下。角钢及钢管接地体应垂直配置。

（3）垂直接地体的长度不应小于2.5m，其相互之间间距一般不应小于5m。

（4）人工接地装置或利用建筑物基础钢筋的接地装置必须在地面以上按设计要求位置设测试点。

（5）埋入后接地体周围要用新土夯实。

（6）引下线应电气连接贯通，可采用焊接、缝接、螺栓连接。

（7）接地体与接地干线的连接应采用接焊，搭接长度为扁钢宽度的2倍或圆钢直径的6倍。

3. 接地断接卡扁铁搭接面锈蚀

》标准规范

SY/T 5984—2020《油（气）田容器、管道和装卸设施接地装置安全规范》

6.1.4 接地引下线应设置断接卡，其中：

c）断接卡应采用两个M12不锈钢螺栓紧固，搭接长度不小于扁钢的两倍，连接金属面应除锈除污。

4. 采用缠绕方式连接

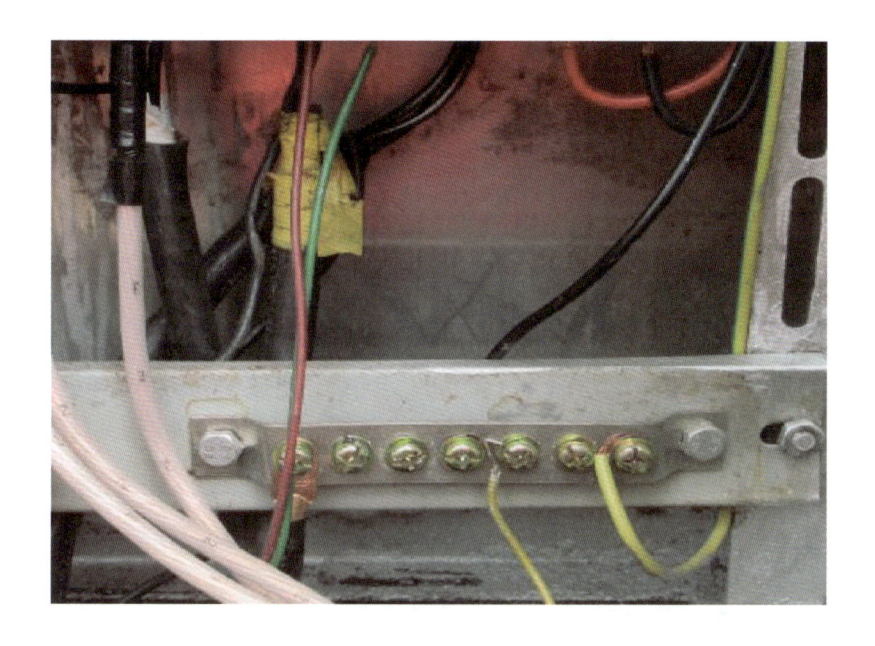

» 知识分享

由于缠绕会引起接触不良，在通过短路电流时，易造成过早的烧毁。同时，当通过短路电流时，在接触电阻上所产生较大的电压降将作用于停电设备上。因此，短路线必须使用专用的线夹固定在导体上，而接地端应固定在专用的接地螺栓上或用专用的夹具固定在接地体上。

接地连接可选用电池夹头、鳄式夹钳、蝶形螺栓、鱼尾夹头、电焊夹头或专用夹头等器具，严禁用接地线缠绕方式连接。

5. 仪表未接地

电磁流量计未接地

漏电显示仪未接地

压力变送器未接地

》 标准规范

Q/SY 06008.6—2016《油气田地面工程自控仪表设计规范 第6部分：仪表接地》

5.1 在爆炸环境中的所有仪表设备的金属外壳、金属构架、仪表电缆槽体、电缆保护管等应可靠接地。

5.2 在非爆炸危险环境36V及以下供电的现场仪表，可不做保护接地。

6. 柜门未做等电位连接

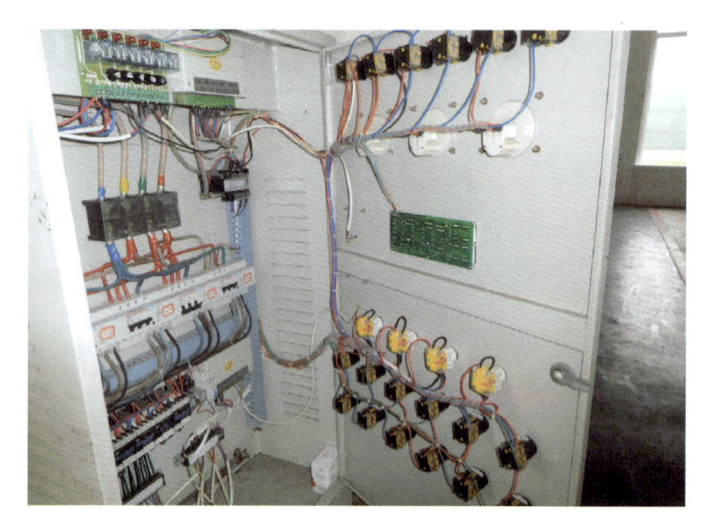

》标准规范

GB 50171—2012《电气装置安装工程 盘、柜及二次回路接线施工及验收规范》

7.0.5 装有电器的可开启的门应采用截面不小于 4mm² 且端部压接有终端附件的多股软铜导线与接地的金属构架可靠连接。

7. 串联接地

电机接地串联在抽油机本体上

电机接地串联在循环罐本体上

装车桥伴热开关接地串联

》标准规范

GB 50257—2014《电气装置安装工程 爆炸和火灾危险环境电气装置施工及验收规范》

7.2.1 设备、机组、贮罐、管道等的防静电接地线，应单独与接地体或接地干线相连，除并列管道外不得互相串联接地。

8. 鹤管弯头导静电跨接线断裂

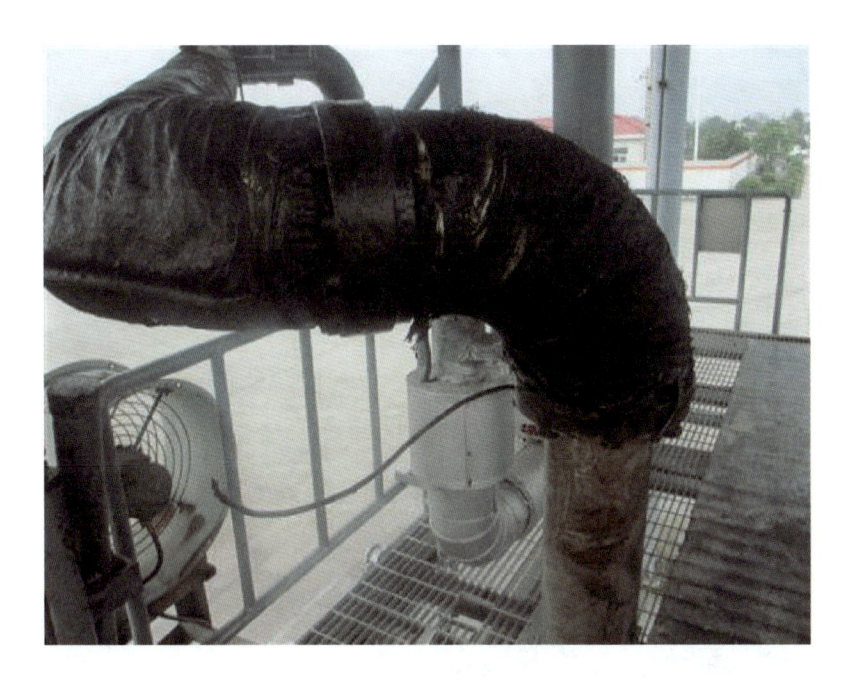

» 标准规范

GB 15599—2009《石油与石油设施雷电安全规范》

4.4.2 装卸油品设备（包括钢轨、管道、鹤管、栈桥等）应作电气连接并接地，冲击接地电阻应不大于10Ω。

9. 储油罐量油孔法兰未做等电位连接

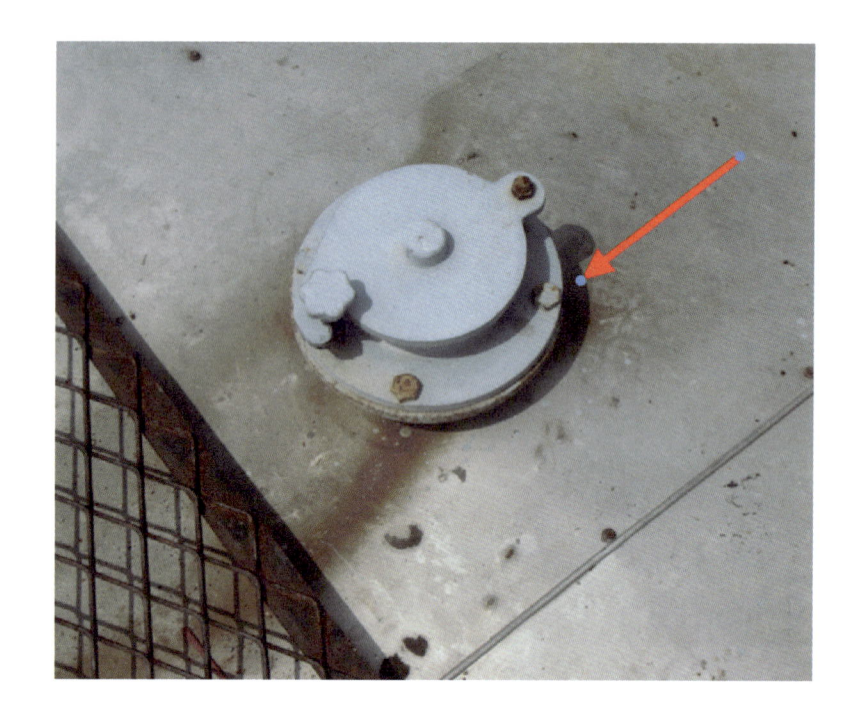

» 标准规范

GB 15599—2009《石油与石油设施雷电安全规范》

4.1.4 金属储罐的阻火器、呼吸阀、量油孔、人孔、切水管、透光孔等金属附件应等电位连接。

10. 四孔法兰未做跨接

» 标准规范

GB 15599—2009《石油与石油设施雷电安全规范》

4.7.1 阀门、金属法兰盘等连接处的过渡电阻大于 0.03Ω 时，连接处应用金属线跨接。对有不少于五根螺栓连接的金属法兰盘，在非腐蚀环境下，可不跨接，但应构成电气通路。

二、防火防爆

1. 防爆设备未紧固

防爆控制柜压紧螺栓未紧固

防爆控制柜压紧螺栓缺失

防爆接线箱压紧螺栓无防松垫片

❯❯ 标准规范

AQ 3009—2007《危险场所电气防爆安全规范》

6.1.2.1　一般规定

6.1.2.1.1　防爆电气设备的类型、级别、组别、环境条件以及特殊标志等，应符合设计的规定。

6.1.2.1.2　防爆电气设备的铭牌、防爆标志、警告牌应正确、清晰。

6.1.2.1.3　防爆电气设备的外壳和透光部分应无裂纹、损伤。

6.1.2.1.4　防爆电气设备的紧固螺栓应有防松措施，无松动和锈蚀。

6.1.2.1.5　防爆电气设备宜安装在金属制作的支架上，支架应牢固，有振动的电气设备的固定螺栓应有防松装置。

GB 50257—2014《电气装置安装工程　爆炸和火灾危险环境电气装置施工及验收规范》

4.2.1　接合面的紧固螺栓应齐全。

2. 装置封堵不当

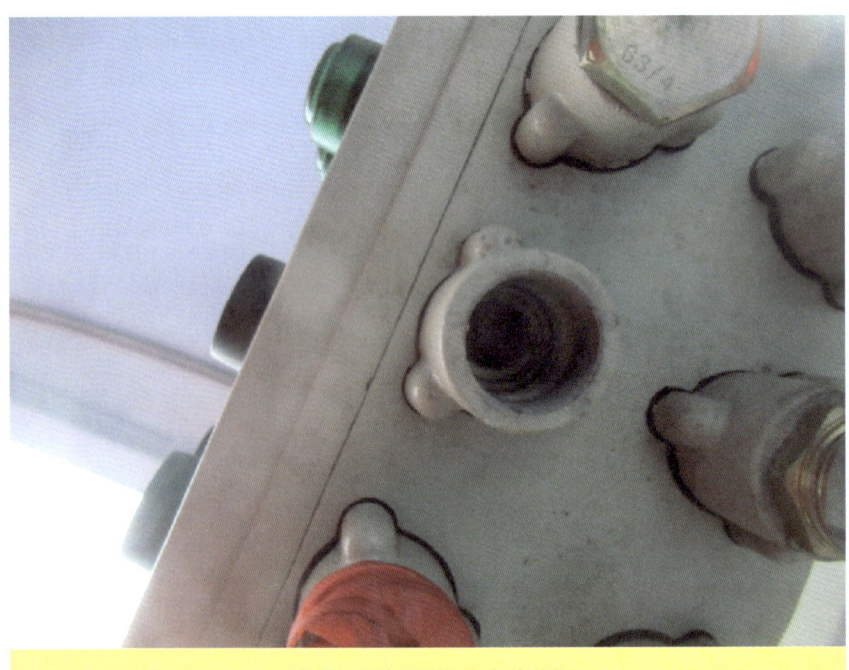

防爆开关备用接口缺护盖

防爆开关进线口未密封

防爆开关进线口未密封

闲置通孔未使用专用堵头封堵

防爆接线盒进出口未封堵

》标准规范

GB 50257—2014《电气装置安装工程　爆炸和火灾危险环境电气装置施工及验收规范》

5.3.8　电气设备、接线盒和端子箱上多余的孔，应采用丝堵堵塞严密。当孔内垫有弹性密封圈时，弹性密封圈的外侧应设钢质封堵件，钢质封堵件应经压盘或螺母压紧。

3. 油罐扶梯口未安装人体静电消除装置

» 标准规范

GB 13348—2009《液体石油产品静电安全规程》

3.7.3 泵房的门外、油罐的上罐扶梯入口与采样口处、装卸作业区内操作平台的扶梯入口及悬梯口处、装置区采样口处、码头入口处等作业场所应设人体静电消除装置。

4. 防爆电机铭牌被油漆覆盖，防爆配电箱无铭牌

》标准规范

AQ 3009—2007《危险场所电气防爆安全规范》

6.1.2.1 一般规定

6.1.2.1.1 防爆电气设备的类型、级别、组别、环境条件以及特殊标志等，应符合设计的规定。

6.1.2.1.2　防爆电气设备的铭牌、防爆标志、警告牌应正确、清晰。

6.1.2.1.3　防爆电气设备的外壳和透光部分应无裂纹、损伤。

6.1.2.1.4　防爆电气设备的紧固螺栓应有防松措施，无松动和锈蚀。

6.1.2.1.5　防爆电气设备宜安装在金属制作的支架上，支架应牢固，有振动的电气设备的固定螺栓应有防松装置。

5. 电缆线进线管使用塑料管

> **标准规范**

AQ 3009—2007《危险场所电气防爆安全规范》

6.1.1.3　导管布线

6.1.1.3.1　允许使用的导管：

a）配线导管应采用低压流体输送用镀锌焊接钢管。

b）与隔爆外壳相关的导管应按以下选型：

——重规螺纹钢管、无缝钢管或符合 GB/T 14823.1 规定的焊缝钢管；

——挠性金属导管或复合材料结构，例如金属导管具有塑料或合成橡胶套（有国家检验机关颁发防爆合格证书的）。

6. 在防爆接线箱上打孔

» 标准规范

AQ 3009—2007《危险场所电气防爆安全规范》

6.1.2.1 一般规定

6.1.2.1.1 防爆电气设备的类型、级别、组别、环境条件以及特殊标志等，应符合设计的规定。

6.1.2.1.2 防爆电气设备的铭牌、防爆标志、警告牌应正确、清晰。

6.1.2.1.3 防爆电气设备的外壳和透光部分应无裂纹、损伤。

6.1.2.1.4 防爆电气设备的紧固螺栓应有防松措施，无松动和锈蚀。

6.1.2.1.5 防爆电气设备宜安装在金属制作的支架上，支架应牢固，有振动的电气设备的固定螺栓应有防松装置。

7. 防爆配电箱一孔同时接入两根电缆

》标准规范

GB 50257—2014《电气装置安装工程 爆炸和火灾危险环境电气装置施工及验收规范》

3 电缆引入装置或设备进线口的密封，应符合下列规定：

1）装置内的密封圈的一个孔，应密封一根电缆；

2）被密封的电缆断面，应近似圆形；

3）弹性密封圈及金属垫应与电缆的外径匹配，其密封圈内径与电缆外径允许差值为 ±1mm；

4）弹性密封圈压紧后，应将电缆沿圆周均匀压紧。

8. 原油转运时使用非防爆手机，防爆区域使用非防爆手机

» 标准规范

SY/T 5225—2019《石油天然气钻井、开发、储运防火防爆安全生产技术规程》

7.1.2.5 在集输、输油等站、库易燃易爆区域内进行作业时，禁止使用非防爆通信工具。

9. 放喷点火池位于高压线下方

» 标准规范

Q/SY 02553—2022《井下作业井控技术规范》

4.2.1.3.4　防喷管线、放喷管线的安装与固定应符合下列要求：

a）管线布局应考虑当地季节风的风向、居民区、道路、油罐区、电力线等设施布局情况。

10. 导爆索放在测井车操作室内

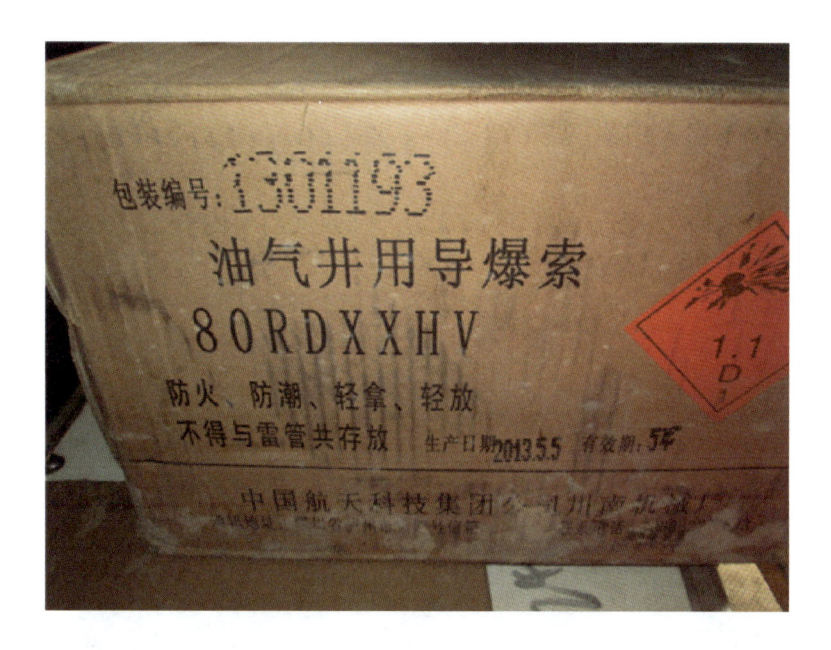

» 知识分享

民爆物品的存放应符合以下管理要求：

（1）建立出入库检查、登记制度。收存的发放民爆物品应进行登记，做到账目清楚，账、物、卡相符。

（2）严禁无关人员进入库区，严禁在库区吸烟和用火，严禁把其他容易引起燃烧、爆炸的物品带入仓库，严禁存放其他物品，严禁在库房内住宿和进行其他活动。

（3）库内应整洁、防潮和通风良好，要杜绝鼠害和动物破坏。

（4）库房内储存的民爆物品数量不得超过设计容量。

（5）民爆物品宜单库存放，起爆点火器材不得与炸药同一库房存放。性质相抵触的民爆物品应分库储存。

（6）报废民爆物品应分类单独存放。

三、消防安全

1. 灭火器无四定卡，未按期检查

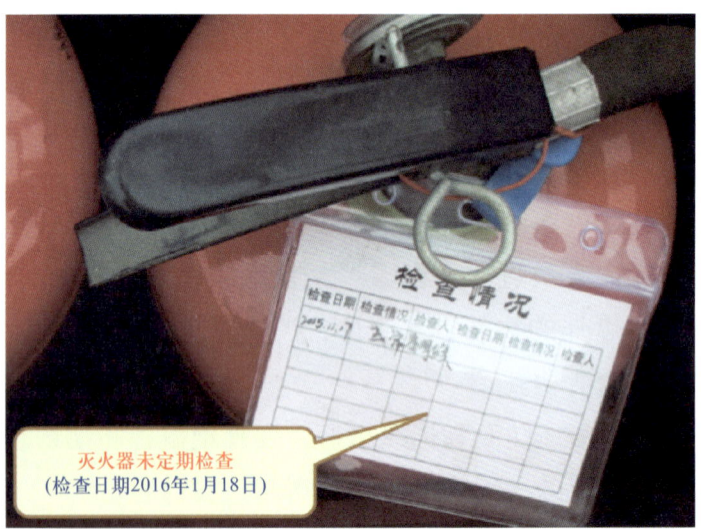

灭火器未定期检查
(检查日期2016年1月18日)

>> **标准规范**

Q/SY 05129—2017《输油气站消防设施及灭火器材配置管理规范》
4.4.2 灭火器的检查内容包括：
a）灭火器的维修和检查标签是否齐全完整，是否处于有效期内。

2. 灭火器胶管接头损坏，消防软管破损漏水

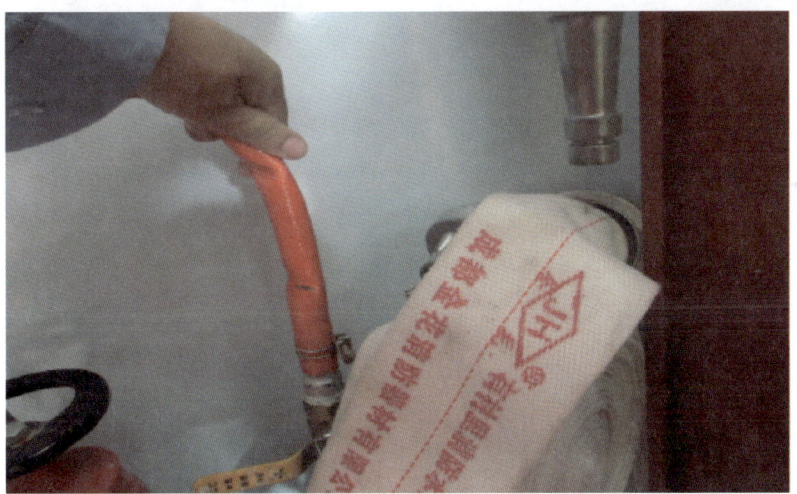

> **标准规范**

GB 4351.1—2005《手提式灭火器 第 1 部分：性能和结构要求》

6.10.6.1 喷射软管及接头等在灭火器使用温度范围内应能满足使用要求，喷射软管组件与器头或阀连接时，应使喷射软管不受损伤；喷射软管组件应有固定在灭火器筒身上的结构并应取用方便。

3. 灭火器压力表损坏脱落，压力低至红色区域

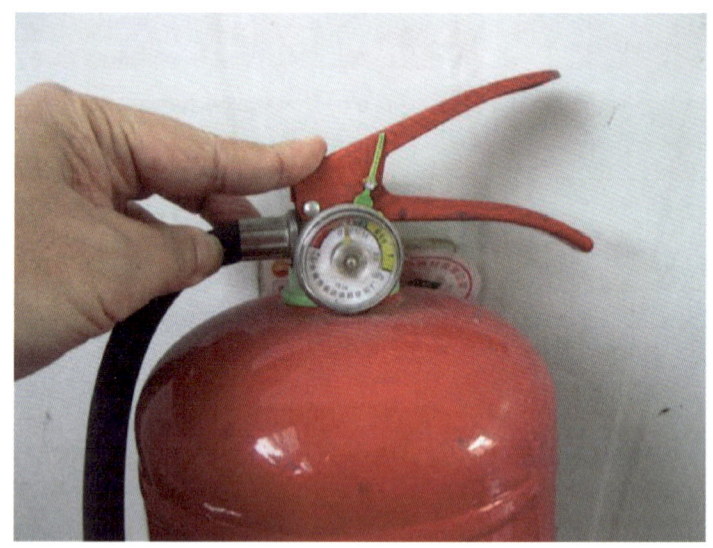

>> **标准规范**

GB 4351.1—2005《手提式灭火器 第 1 部分：性能和结构要求》

6.13.1 贮压式灭火器（二氧化碳灭火器除外）应装有可显示其内部压力的压力指示器（以下简称指示器）。

6.13.2.2 指示器表盘上可工作的压力范围用绿色表示；从零位到可工作压力的下限的范围用红色表示。

4. 报废灭火器未泄压，露天存放

» 标准规范

XF 95—2015《灭火器维修》

7.5 处理应在确认报废的灭火器气瓶（筒体）或贮气瓶内部无压力的情况下进行，应采用压扁或者解体等不可修复的方式，不应采用钻孔或破坏瓶口螺纹的方式。

» 知识分享

手提式泡沫灭火器存放知识：

（1）手提式泡沫灭火器在运输和存放中，应避免倒放、雨淋、曝晒、强辐射和接触腐蚀性物质。

（2）灭火器的存放环境温度应在 −10～45℃范围内。

（3）手提式泡沫灭火器放置处，应保持干燥通风，防止筒体受潮，腐蚀。应避免日光曝晒和强辐射热，以免影响灭火器正常使用。

（4）灭火器应按制造厂规定的要求和检查周期，进行定期检查。

5. 消火栓柜门被阻挡

》标准规范

GB 50974—2014《消防给水及消火栓系统技术规范》

7.4.7 建筑室内消火栓的设置位置应满足火灾扑救要求，并应符合下列规定：

1 室内消火栓应设置在楼梯间及其休息平台和前室、走道等明显易于取用，以及便于火灾扑救的位置。

四、井控设备

1. 放喷管线有悬空、转角处无固定基墩，U 型卡固定螺栓未紧

» 标准规范

Q/SY 02553—2022《井下作业井控技术规范》

4.2.1.3.4 防喷管线、放喷管线的安装与固定应符合下列要求：

d）防喷管线长度超过 7m、放喷管线每隔 10m～15m 应固定，出口及转弯处应采用双卡固定，可用水泥基墩、地锚、预制基墩或砂箱等方式固定牢靠；管线悬空跨度超过 10m 时，中间应支撑牢固。

2. 锁紧装置安装不当

未安装手动锁紧装置

全封、半封手动锁紧杆无法转动

手动锁紧杆与封井器丝杠连接轴线角度超过 30°

》标准规范

SY/T 5964—2019《钻井井控装置组合配套、安装调试与使用规范》

3.3.2.4 闸板防喷器应配备手动或液压锁紧装置。具有手动锁紧机构的防喷器应装齐手动操作杆，靠手轮端应支撑牢固，手轮应接出井架底座，可搭台便于操作。手动操作杆与防喷器手动锁紧轴中心线的偏斜不大于30°。手动操作杆手轮上应挂牌标明开关圈数及开关方向。

3. 液压管线渗漏

» 标准规范

Q/SY 08124.2—2018《石油企业现场安全检查规范 第 2 部分：钻井作业》

表 B.1　钻井设备检查项目及要求

10　液压管线：

a）液压管线安装连接牢固，无渗漏；

b）液压管线设置防碾压保护装置；

c）备用液压管线采取防尘防腐措施。

4. 节流管汇无闸门开关状态标志牌

» 标准规范

Q/SY 08124.2—2018《石油企业现场安全检查规范 第 2 部分：钻井作业》

表 B.1 钻井设备检查项目及要求

10 节流管汇和控制箱：

a）节流管汇压力级别应符合设计要求，各闸门开关状态正确，挂牌齐全；

b）节流管汇和控制箱压力表齐全、可靠，在有效期内；

c）节流管汇和控制箱液气管线连接规范；

d）节流管汇和控制箱工作正常；

e）节控箱和节流管汇旁边应设置最大关井提示牌，标明套管下入深度、井口试压值、当前钻井液密度和当前最高关井压力。

5. 远控房环形压力与司控台储能器压力误差 1.2MPa

> **标准规范**

SY/T 5964—2019《钻井井控装置组合配套、安装调试与使用规范》
4.1.15 管汇压力及环形压力误差不大于 0.3MPa。

6. 防喷器未安装护板

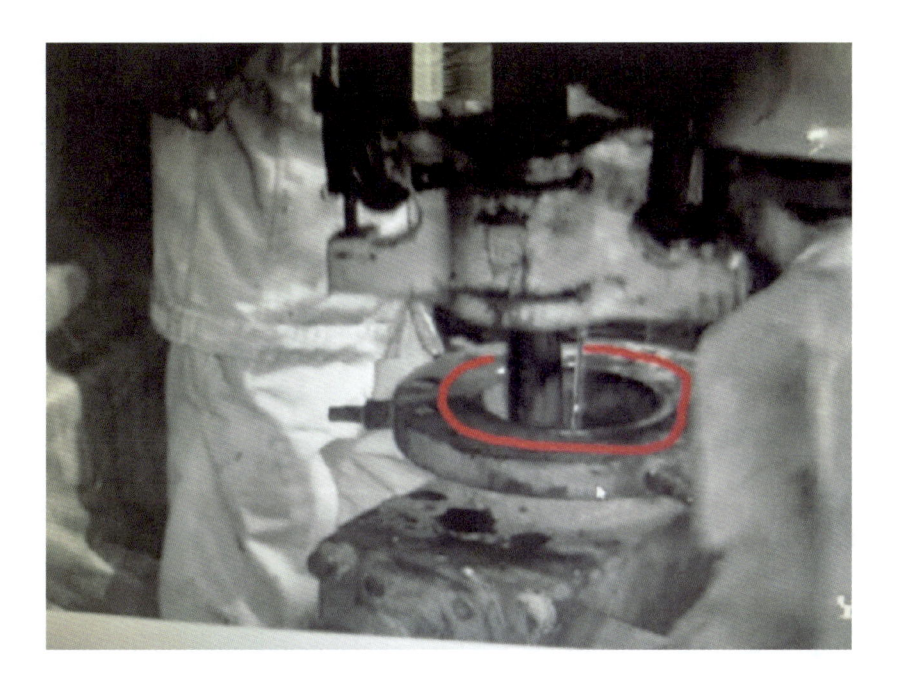

标准规范

Q/SY 02553—2022《井下作业井控技术规范》
4.2.1.1.6　无钻台作业时，应对防喷器上法兰面等采取保护措施。

7. 钻台逃生滑道被杂物堵塞

》标准规范

Q/SY 08124.2—2018《石油企业现场安全检查规范 第 2 部分：钻井作业》

6.5.1.3 钻台应安装紧急滑梯至地面，下端设置缓冲垫或缓冲沙土，距离下端前方 5m 范围内无障碍物。

8. 回收管线直角弯头且采用焊接连接

》标准规范

SY/T 5974—2020《钻井井场设备作业安全技术规程》

6.2.3.3 钻井液回收管线出口应接至钻井液罐并固定牢靠，转弯处角度大于120°，其通径不小于节流管汇出口通径。

五、用电设备

1. 长杆泵使用倒链、钢丝绳悬挂，潜水泵用铁丝做提绳

>> **标准规范**

油气新能源〔2023〕268号《油气和新能源分公司作业许可管理办法》

临时用电作业

第十四条　使用潜水泵时应确保电机及接头绝缘良好，潜水泵引出电缆到开关之间不得有接头，并设置非金属材质的提泵拉绳。

2. 电缆穿孔处未采取防护措施

» 标准规范

JGJ 46—2005《施工现场临时用电安全技术规范》

8.1.16　配电箱、开关箱的进、出线口应配置固定线卡、进出线应加绝缘护套并成束卡固在箱体上，不得与箱体直接接触。移动式配电箱、开关箱的进、出线应采用橡皮护套绝缘电缆，不得有接头。

3. 配电柜侧面盖板缺失

》标准规范

Q/SY 05480—2017《变频电动机压缩机组安装工程技术规范》

12.2.5.2　外观检查应符合下列要求：

a）插件板的名称与标志无错位，插件板洁净、无锈蚀，各焊点间应明显断开。

4. 配电柜使用后未关门上锁，配电柜底部锈蚀穿孔

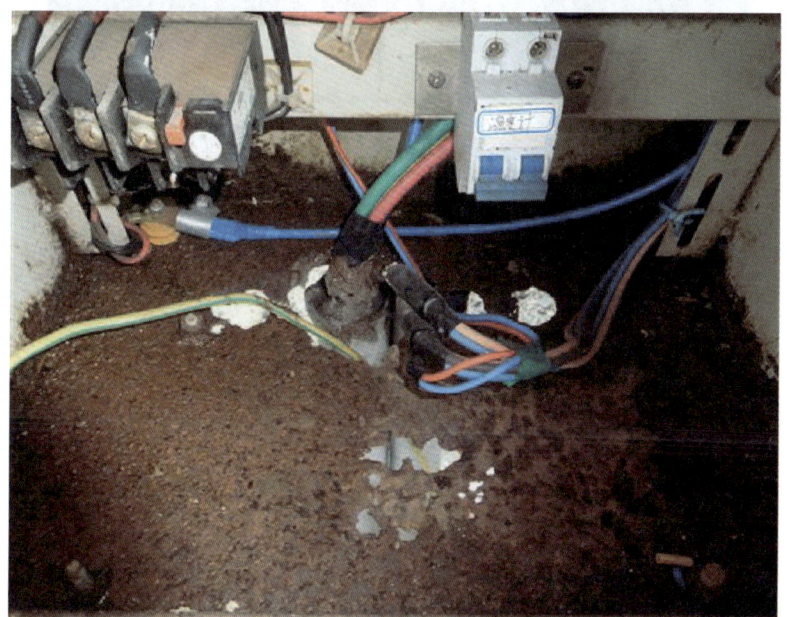

> ## 标准规范

JGJ 46—2005《施工现场临时用电安全技术规范》
8.1.17　配电箱、开关箱外形结构应能防雨、防尘。

六、其他设备

1. 储罐顶护栏不全，上钻台一侧斜梯无扶手

» 标准规范

Q/SY 08124.2—2018《石油企业现场安全检查规范 第2部分：钻井作业》

6.5.1.6 天车、井架、二层台、钻台、机房、泵房、循环系统、钻井液储备罐的护栏和梯子应齐全牢固，扶手光滑，坡度适当。

2. 循环罐缺挡脚板

》标准规范

Q/SY 08124.2—2018《石油企业现场安全检查规范 第 2 部分：钻井作业》

表 B.1 钻井设备检查项目及要求

1 井架和底座

i）钻台、循环罐护栏齐全，下方安装挡脚板，缺口部位加防护链。

3. 吊卡销子无保险绳

》标准规范

SY/T 5974—2020《钻井井场设备作业安全技术规程》

4.3.8.2　井口工具应符合以下要求：

a）吊卡活门、弹簧、保险销应灵活，手柄应固定牢固，吊卡销子应有防脱落措施。

4. 气动小绞车牙勾轴销子、B 形大钳尾销无安全别针

» 标准规范

Q/SY 08124.2—2018《石油企业现场安全检查规范 第 2 部分：钻井作业》

6.5.1.12 各类压力表、安全阀、保险销安装齐全，定期进行检查、检定。

5. 防碰装置安装不当

重锤式天车防碰装置被护栏阻挡

绞车过卷阀失效

绞车防碰天车过卷阀调试过高

》标准规范

Q/SY 08124.2—2018《石油企业现场安全检查规范 第 2 部分：钻井作业》

表 B.1 钻井设备检查项目及要求

1 绞车及安全装置

w）过卷阀防碰天车灵活可靠。

x）重锤式防碰天车开关重锤大小适度，灵敏可靠，重砣距地面距离不应小于 2m，ϕ12.7mm 钢丝绳无断丝，重砣与连杆角度合适，不应与井架、电线摩擦，寒冷地区每半小时活动一次，并记录。挡绳距天车滑轮间距：4500m 以上钻机为 6m～8m，2000m～4000m 钻机为 4m～5m。

y）防碰天车工作时高低速离合器放气灵敏，刹死时间应小于 1s。

z）数码防碰天车屏显悬挂在指重表左侧，屏显清晰，数字准确，报警灵敏。

6. 钻具排放凌乱

» 标准规范

Q/SY 08124.2—2018《石油企业现场安全检查规范 第 2 部分：钻井作业》

6.2.8.11 石油钻井专用管材应摆放在专用支架上，高度不应超过三层，各层边缘应进行固定，排列整齐，支架稳固。

6.2.8.12 钻杆滑道应摆放平稳，高度合适，固定牢固。

7. 死绳固定器尾绳固定卡打反

》标准规范

SY/T 5974—2020《钻井井场设备作业安全技术规程》

4.1.7 所有受力钢丝绳应用与绳径相符的绳卡卡固，方向一致，数量达到要求。绳卡鞍座应卡在主绳段上。

8. 钻台扶梯口未挂安全链

» 标准规范

Q/SY 08124.2—2018《石油企业现场安全检查规范 第 2 部分：钻井作业》

表 B.1 钻井设备检查项目及要求

1 井架及底座

h）大门坡道无变形，挂钩齐全，安装牢固，拴保险绳（链）；

i）钻台护栏齐全，下方安装挡脚板，缺口部位加防护链。

9. 气源排水分配器出气管线阀门处漏气

» 标准规范

Q/SY 08124.2—2018《石油企业现场安全检查规范 第 2 部分：钻井作业》

7.4.4.1 气控制系统的连接管线、气阀和接头等不应漏气，当拆卸设备移运时，快速活接头密封面用保护盖板盖好，其他连接端应保护好，连接螺纹应包扎好。

10. 发电机传动皮带无防护罩

》标准规范

Q/SY 08124.3—2018《石油企业现场安全检查规范 第3部分：修井作业》

6.6.4.4 钻井泵、柴油机基础应一致，固定牢靠。转动部位护罩齐全完好。

11. 死绳固定器缺防跳螺栓

标准规范

Q/SY 08124.2—2018《石油企业现场安全检查规范 第2部分：钻井作业》

表 B.1 钻井设备检查项目及要求

1 井架及底座

m）死绳固定器及稳绳器安装牢固、可靠，挡绳杆、压板及螺栓、螺帽和并帽齐全，大绳缠满死绳固定器。

12. 二层台所有指梁无钻具防脱挡链

» 标准规范

Q/SY 08124.2—2018《石油企业现场安全检查规范 第 2 部分：钻井作业》

表 B.1 钻井设备检查项目及要求

1 井架及底座

e）二层台、三层台、立管平台上栏杆应齐全，固定牢固，无损坏和断裂，无异物，井架上使用的工具应拴好保险绳。

13. 高压阀门手柄缺失

» 标准规范

Q/SY 08124.2—2018《石油企业现场安全检查规范 第 2 部分：钻井作业》

表 B.1　钻井设备检查项目及要求

4　高压管汇

c）高压管汇闸阀、丝杆护帽、手柄齐全，润滑良好，开关灵活，闸阀不松旷。

14. 压井管汇低量程压力表手轮缺失

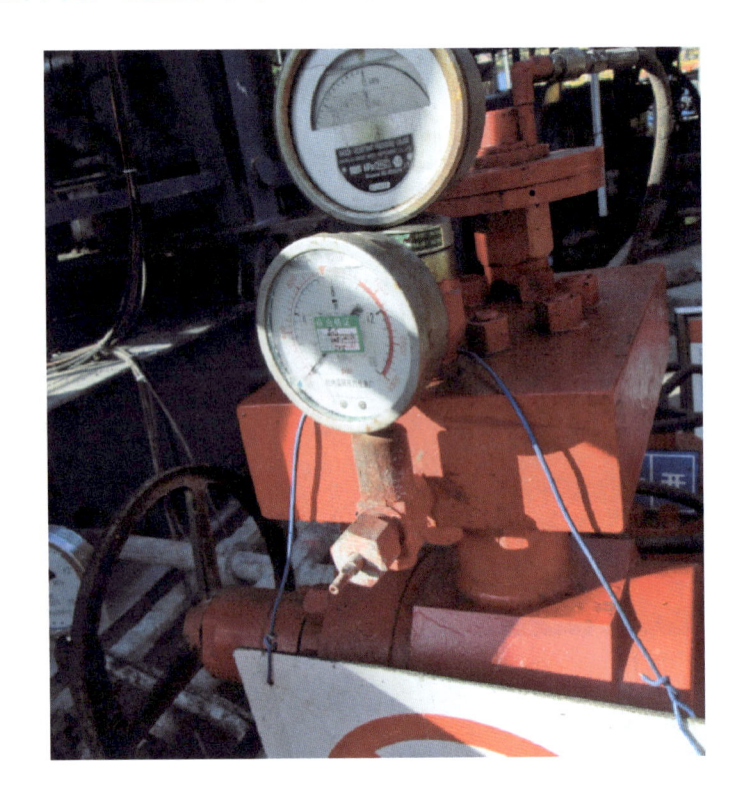

» 标准规范

《集团公司钻井井控检查考核表》

钻井井控考核检查表第 4 项第 8 点：有高、低压表（抗震、有闸阀控制）量程满足要求，在校验日期内；闸阀开关灵活，连接螺栓合格。

15. 指重表记录仪未正常工作

》标准规范

Q/SY 08124.2—2018《石油企业现场安全检查规范 第 2 部分：钻井作业》

表 B.1 钻井设备检查项目及要求

2 指重表及仪表

a）固定，不与井架钻台直接接触；

b）指重表记录仪安装牢固，传压器、管线无渗漏；

c）指重表应按周期校验，记录仪工作正常；

d）钻井参数仪等各类仪表应定期校检。

16. 起油管作业吊卡反打

» 标准规范

SY/T 5727—2020《井下作业安全规程》

4.2.9 在油管桥上提放单根管柱时应使吊卡开口朝上，如油管支架低于自封法兰面，应采取防范措施。

17. 管线转角悬空处无固定基墩

» 标准规范

Q/SY 05065.3—2020《油气管道安全生产检查规范 第 3 部分：天然气管道》

表 2 输气生产现场管理检查表

2 场站设备、管道基础无下沉、开裂、倾斜，管道、设备支撑牢固可靠。

18. 安全线位置转动

》 标准规范

SY/T 6668—2016《游梁式抽油机的安装与维护》

5.5.2.1 应在日常巡检时监测如齿轮、曲柄、游梁、平衡重、支架等的连接状态。

5.5.2.2 应按规定扭矩值（制造商说明书中提供）上紧曲柄，平衡重轴承轴、游梁轴承轴和其他结构连接的螺栓。日常巡检时应目检其连接状态。

19. 电机顶丝备帽未紧固到位

» 标准规范

SY/T 6668—2016《游梁式抽油机的安装与维护》

5.5.1.1 制造商应提供有压紧螺栓连接上紧力矩的说明书以指导压紧连接螺栓的紧固。

5.5.1.2 宜采用扭矩值扳手检查螺栓紧固程度，记录复检结果并分析扭矩损失的原因，排除致使螺栓上紧扭矩损失的因素后重新按规定扭矩值紧固。

20. 驴头销子上窜

» 标准规范

SY/T 6668—2016《游梁式抽油机的安装与维护》

5.5.2.1 应在日常巡检时监测如齿轮、曲柄、游梁、平衡重、支架等的连接状态。

5.5.2.2 应按规定扭矩值（制造商说明书中提供）上紧曲柄，平衡重轴承轴、游梁轴承轴和其他结构连接的螺栓。日常巡检时应目检其连接状态。

21. 毛辫子扭曲变型

> **标准规范**

SY/T 6668—2016《游梁式抽油机的安装与维护》

5.2.1　每班应检查钢丝绳，查看是否存在钢丝绳破损、锈蚀、润滑不足、防护层损坏、疲劳或过度磨损的迹象，钢丝绳的判废参照 SY/T 6666 执行。

5.2.2　应每 3 个月进行一次钢丝绳润滑保养。通常可先用钢丝刷清洁绳索，再添加钢丝绳润滑油形成新涂层。

22. 手刹弹簧断裂

》标准规范

SY/T 6668—2016《游梁式抽油机的安装与维护》

5.4.5 检查刹车控制线缆或连接杆，确认线缆的内部元件运行时可自由移动，端头部件结合紧密且完好无损。

5.4.6 对于采用杆件制动控制的抽油机，应检查其连接杆件是否弯曲或损坏。确认刹车杆件中的所有旋转接头在运行时能自由移动，且与其他部件无干涉。损坏部件应及时更换。

23. 新建方井池未做警戒隔离，方井池盖板未满铺

» 标准规范

Q/SY 08130.1—2022《石油企业现场安全检查规范》

表 A.2 现场通用管理要求检查表

施工现场内影响安全施工的坑、沟等均应填平或铺设与地面平齐的盖板。

进行临边作业时，应设置牢固可行的防护栏杆和安全网。

第三节 环境保护

1. 带油设备、粘油设备落地放置

》标准规范

GB/T 39139.2—2023《页岩气 环境保护 第 2 部分：生产作业环境保护推荐作法》

9.2.1.1 搬运前，应对设备、罐体、管线内残留物进行清理回收，对设备、罐体、管线出口进行封堵。

9.2.1.2 材料，设备存放场及预制场宜根据施工项目工程量及作业范围进行设置，并按下列要求执行：

——采取适当的防雨、防洪、防渗、防沙尘措施。

2. 发电机机油渗漏至地面，检泵作业后井口遗留大量油污

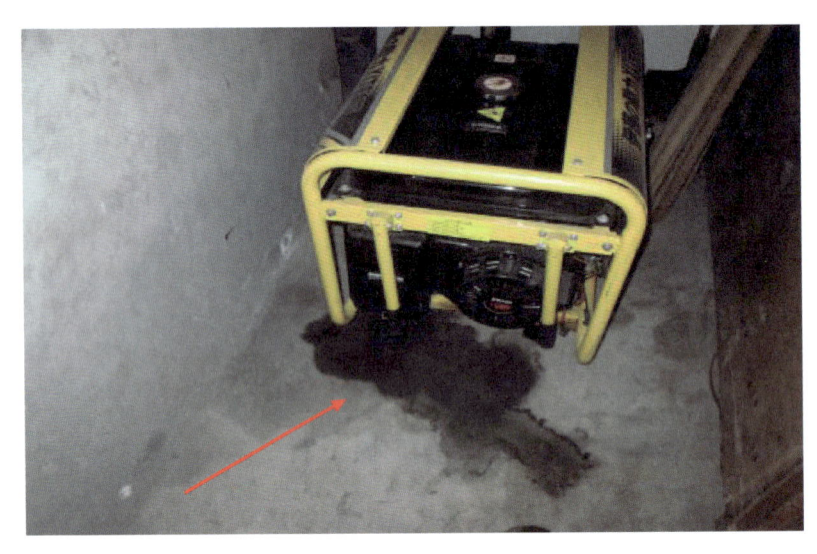

» 标准规范

Q/SY 08126.1—2022《油气田现场安全检查规范 第 1 部分：陆上油气生产作业》

表 A.1 陆上油气生产作业采油采气现场安全基础管理检查表

10.生产现场应无油污，管线、阀门、储液罐等设备设施无油气水跑、冒、滴、漏现象。

3.含油污水泼洒在井场地面

» 标准规范

Q/SY 01039.5—2020《油气集输管道和厂站完整性管理规范 第 5 部分：管道维修》

9.7 维修过程中产生的废弃物，不应随意丢弃，应统一回收处理。

4. 工业污水渗漏至排水沟内

» 标准规范

Q/SY 08124.2—2018《石油企业现场安全检查规范 第 2 部分：钻井作业》

6.2.8.18 井场及污水池应设置围栏圈闭并设置警示牌，在井场后方及侧面开应急门；井场平整，无油污，无积水，清污分流畅通。

5. 围堰破损，油品存放区无围堰

» 标准规范

SY/T 5974—2020《钻井井场设备作业安全技术规程》

3.2.8 重点防渗区应铺设防渗膜，油罐区、钻井液储备罐区、收油计量橇、废油暂存区、油基岩屑暂存区应设置围堰。

第四节 危险物品

1. 危险化学品与易燃品同库储存

» 标准规范

《危险化学品安全管理条例》（中华人民共和国国务院令第 591 号）

第二十四条　危险化学品应当储存在专用仓库、专用场地或者专用储存室内，并由专人负责管理。

2. 药品柜未设安全警示标识

» 标准规范

《危险化学品安全管理条例》(中华人民共和国国务院令第 591 号)

第二十条 生产、储存危险化学品的单位,应当在其作业场所和安全设施、设备上设置明显的安全警示标志。

3. 危险化学品储存箱靠近热源存放

» 标准规范

《危险化学品安全管理条例》（中华人民共和国国务院令第 591 号）

第二十四条　危险化学品应当储存在专用仓库、专用场地或者专用储存室内，并由专人负责管理。

4.化验用药品与其他物品混放、未上锁，盐酸未放置在专用药品柜内

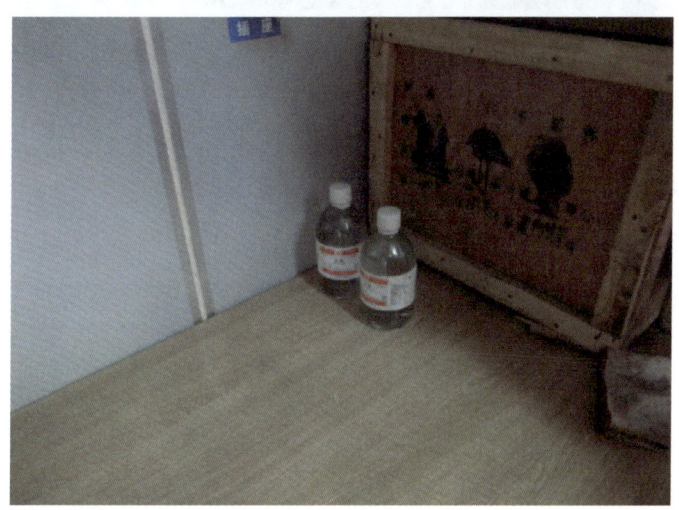

》标准规范

Q/SY 08124.2—2018《石油企业现场安全检查规范 第2部分：钻井作业》

表 B.1 钻井设备检查项目及要求

18 录井设备

a）有毒有害化学药品分类存储，专人、专柜上锁保管。

5. 溶剂油使用器具标签脱落

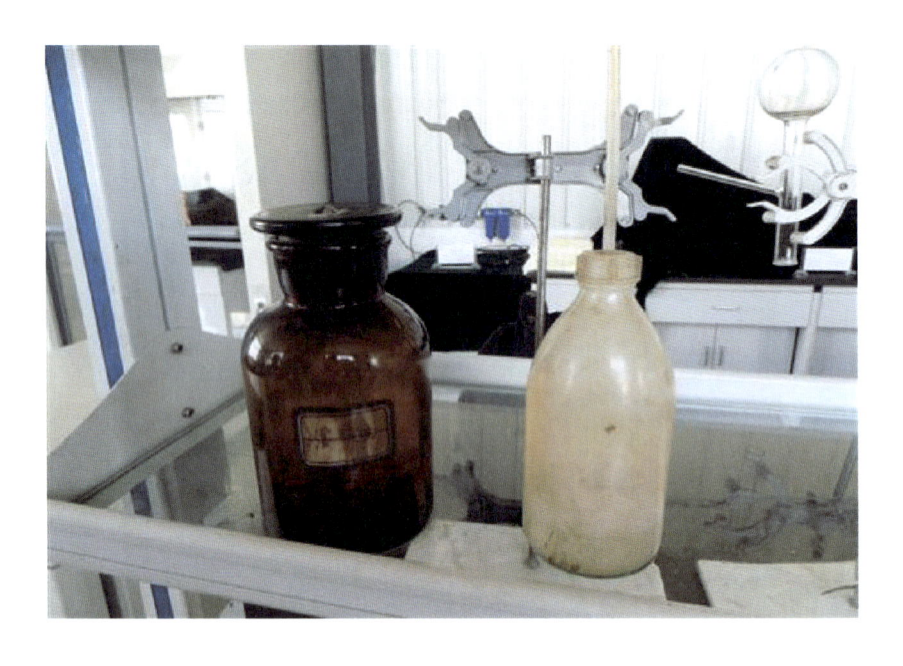

» 标准规范

Q/SY 08643—2018《安全目视化管理导则》

5.1.4 安全色、标签、标牌等应定期检查，以保持整洁、清晰、完整，如有变色、褪色、脱落、残缺等情况时，应及时重涂或更换。

第五节 目 视 化

1. 配电箱内开关未标明控制对象，防爆开关无控制对象标识

» 标准规范

Q/SY 08643—2018《安全目视化管理导则》

5.4.3 应在仪表控制及指示装置上标注控制按钮、开关、显示仪的名称。厂房或控制室内用于照明、通风、报警等的电气按钮、开关都应标注控制对象。

2. 中子源储罐无安全警示标识

» 标准规范

SY 5131—2008《石油放射性测井辐射防护安全规程》

8.2.2 进行放射源操作时,应设非安全控制区,在醒目位置摆放电离辐射标志。设专人监护,无关人员不得进入。

3.逃生路线指示牌为红色字体

» 标准规范

GB 2894—2008《安全标志及其使用导则》

5　颜色

安全标志所用的颜色应符合 GB 2893 规定的颜色。

4. 压力表未标识区域

» 标准规范

Q/SY 08643—2018《安全目视化管理导则》

A.4.2　指示仪表

工艺、设备附属压力表、温度表、液位计等指示仪表应用透明色条标识出正常工作范围,通常正常区域用绿色,异常区域用红色,如果有警示区域则用黄色。

5. 警示牌排序错误

标准规范

GB 2894—2008《安全标志及使用导则》

9.5 多个安全标志牌在一起设置时，应按警告、禁止、指令、提示类型的顺序，先左后右、先上后下地排列。